Français • 2^e cycle

Signet

Livre D

Françoise Dulude

ERPI
ÉDITIONS DU RENOUVEAU PÉDAGOGIQUE INC.

5757, RUE CYPIHOT
SAINT-LAURENT (QUÉBEC)
H4S 1R3

TÉLÉPHONE : (514) 334-2690
TÉLÉCOPIEUR : (514) 334-4720
COURRIEL : erpidlm@erpi.com

Éditrice
Suzanne Berthiaume

Chargée de projet
Christiane Gauthier

Révision linguistique
Sylvie Massariol

Révision scientifique
Danielle Cloutier, océanographe : p. 201-220

Rédaction
Françoise Dulude : p. 76-77
Odette Lupien : p. 162-170, 202-220

Correction d'épreuves
Lucie Bernard
Odile Dallaserra
Sylvie Massariol

Recherche iconographique et demande de droits
Pierre Richard Bernier

Couverture
ERPI
Illustration : Steve Adams

Conception graphique et édition électronique
ERPI

Nous tenons à remercier M. Jacques Sénéchal qui a fait la sélection des textes littéraires et la recherche bibliographique. M. Sénéchal est enseignant au 2e cycle du primaire à l'école Rabeau de la Commission scolaire Marie-Victorin.

Dépôt légal : 1er trimestre 2002
Bibliothèque nationale du Québec
Bibliothèque nationale du Canada

IMPRIMÉ AU CANADA   234567890 IE 09876543
ISBN 2-7613-1172-8   10414   BCD   JS12

Table des matières

Mot de l'auteure

Te voilà au milieu de l'année scolaire. Déjà, tu as accompli des réalisations remarquables et tu as fait des découvertes fascinantes. Tu as sûrement davantage de ressources pour entreprendre de nouveaux projets.

Avec *Signet*, tu vas suivre la piste d'explorateurs et d'exploratrices extraordinaires, créer des mots surprenants, plonger dans un univers mystérieux, celui des êtres qui peuplent les mers.

Te laisses-tu emporter facilement sur les sentiers de l'imagination ? Les histoires d'amitié te font-elles vibrer ? Feuillette ton nouveau manuel ; tu verras toutes les surprises qu'il te réserve.

Je te souhaite beaucoup de plaisir à réaliser les projets qui t'attendent !

Voici la signification de quelques pictogrammes utilisés dans ton manuel :

 annonce des stratégies pour bien lire et écrire.

 annonce des activités pour mieux exprimer tes idées lorsque tu discutes avec tes camarades.

 annonce un contenu grammatical théorique.

t'invite à poser une question ou à répondre à une question dans le but d'apprendre à résoudre des problèmes.

t'invite à consulter les suggestions de lectures en lien avec le projet.

Je te souhaite beaucoup de plaisir et des découvertes fascinantes avec *Signet*. Je te souhaite aussi d'aimer lire et écrire passionnément !

Françoise

- Les pictogrammes qui figurent sur la page de présentation des projets renvoient aux trois phases de la démarche d'apprentissage.

 La préparation. L'élève explore le thème du projet.

 La réalisation. L'élève fait les activités qui mènent à la réalisation du projet.

 La synthèse. L'élève arrive au terme du projet : il ou elle présente son travail et fait son bilan.

- Quand le manuel indique à l'élève d'utiliser son cahier, il s'agit de n'importe quel cahier (brouillon, à spirale) ou de feuilles mobiles.

Projet 1

Quand les sons et les couleurs parlent

Ce projet t'invite à une promenade étonnante dans l'univers des artistes. Pour découvrir les œuvres de ces créateurs, tu pénétreras dans des tableaux ou encore tu t'assoiras au cœur de l'orchestre, parmi les musiciens et les musiciennes. Ouvre grand tes yeux et tes oreilles ! Laisse aller ton imagination !

Le but du projet

En t'inspirant de deux artistes, tu écriras comment tu perçois la nuit. Tu partageras ensuite ton point de vue avec tes camarades.

Les étapes à suivre

1. Tu vas réfléchir aux moyens d'expression que tu préfères.

2. Après avoir regardé une peinture, tu vas lire l'histoire qu'elle a inspirée à une écrivaine. Tu vas aussi écouter une pièce musicale composée à partir d'une histoire très ancienne.

3. Tu vas poursuivre ton périple dans le monde des arts : tu vas écouter ou admirer une œuvre, puis lire une histoire qui s'en inspire.

4. À ton tour, tu vas écrire un texte en t'inspirant d'un tableau et d'une pièce musicale.

5. Tu vas discuter avec tes camarades des créations nées de cette expérience. Tu feras ensuite le bilan de ce projet.

Tu vas apprendre à :

- connaître tes moyens d'expression préférés ;
- utiliser des mots liés à l'univers des arts ;
- exprimer tes réactions à des œuvres artistiques ;
- faire preuve de créativité ;
- explorer le vocabulaire lié au thème de la nuit ;
- reconnaître les verbes conjugués à un temps composé ;
- différencier les auxiliaires de conjugaison ;
- accorder les verbes conjugués avec l'auxiliaire « être ».

L'univers des artistes

L'univers des arts est vaste : il englobe les artistes qui font parler les sons, les formes, les couleurs, le mouvement et les mots. Connais-tu des artistes ? As-tu déjà vu ou entendu leurs œuvres ? Toi, es-tu artiste à tes heures ?

1. Des artistes sont réunis à l'occasion d'une grande fête des arts. Quelques minutes avant le début de la célébration, les voilà tous mêlés. Aide-les à se démêler en remplaçant les mots en caractères gras par les termes qui conviennent. **Attention !** Ces termes ne sont pas toujours dans le texte. Fais ce travail en équipe.

La fête va bientôt commencer. Les **architectes** accordent leurs instruments : les **violonistes** jouent quelques mesures en soufflant doucement dans leurs clarinettes, tandis qu'une **harpiste** fait sursauter les invités avec quelques notes criardes. Pendant ce temps, à l'autre bout de la salle, un **photographe** ajuste ses chaussons de danse avant de s'élancer. La **chef d'orchestre**, pinceau en main, ajoute une couleur à son tableau, pendant qu'un **danseur**, assis sur un tabouret, cherche une rime pour terminer son poème. Quand l'animatrice de la soirée pointe son nez dans la salle, une **écrivaine** l'accueille dans le magnifique décor qu'elle vient de terminer et le **pianiste**, appareil photo à la main, la suit jusqu'à son fauteuil. « Que la fête commence ! » ordonne-t-elle à tous les **navigateurs**.

2. Partage tes connaissances sur le monde des arts avec tes camarades.
- Y a-t-il des arts que tu connais mieux que d'autres ? Lesquels ? Comment les as-tu découverts ?
- Quel art exerces-tu ou aimerais-tu exercer ? Qu'est-ce qui t'attire dans cet art ?

3. Au cours de ce projet, tu vas explorer l'univers des arts : tu vas observer des reproductions de tableaux, écouter des extraits de pièces musicales et lire des extraits d'œuvres littéraires. Qu'est-ce qui t'attire le plus : la peinture ? la musique ? la littérature ? Explique tes préférences.

Y a-t-il des peintres ou des compositeurs que tu aimerais découvrir ? Préférerais-tu connaître les origines du violon ou du cinéma ? Peut-être as-tu mille autres questions en tête ? Choisis la question que tu aimerais poser et celle à laquelle tu veux répondre au cours de ce projet.

Tu cherchais justement un livre à lire au cours de ce projet ? Va vite voir à la page 250 de ton manuel ; tu y trouveras sûrement une suggestion qui te plaira.

2 Lecture

Du coq à l'âne

Tu vas :

Connaître tes moyens
d'expression préférés

Exprimer tes réactions à
des œuvres artistiques

Connais-tu l'expression « sauter du coq à l'âne » ? Elle signifie passer d'un sujet à un autre au cours d'une conversation. C'est un peu ce que tu vas faire ici : tu vas d'abord admirer un coq superbe, pour ensuite passer aux espiègleries d'un certain Till.

Jean Dallaire,
Coq licorne, 1952.

4   Projet 1

1. Observe la reproduction sur la page précédente. Ce n'est pas tous les jours que tu peux voir un coq aussi flamboyant ! Il s'agit d'une toile intitulée *Coq licorne* du peintre québécois Jean Dallaire. Partage tes impressions avec tes camarades.

2. Compose quelques lignes sur cette peinture dans ton journal de bord.
   - Écris d'abord le titre du tableau et le nom du peintre.
   - Note tes impressions : les mots, les images, un détail du tableau, peut-être même une histoire qui te viennent à l'esprit devant cette œuvre.

3. L'écrivaine Chrystine Brouillet a été invitée par le Musée du Québec à créer un récit à partir de l'univers du peintre Jean Dallaire. De sa visite au musée est née une histoire touchante : *Le voyage d'Olivier*. Lis l'extrait de ce texte qui porte sur le tableau *Coq licorne*.

Olivier assiste à une exposition du peintre Dallaire en compagnie de Léon, son fidèle compagnon, qui est aussi son violon. Tout à coup, il est happé par un tableau. Il se promène d'un tableau à l'autre en se demandant comment sortir de là. Il rencontre Cadet Rousselle qui lui explique que, pour sortir, il devra traverser trois épreuves. La première épreuve consiste à réconforter le Coq licorne. Celui-ci est inconsolable depuis qu'il n'a plus de maître à réveiller. Olivier reprend donc sa route à la recherche du fameux coq...

Le voyage d'Olivier

De nouveau en route depuis un moment, Olivier s'apprêtait à faire halte pour enlever ses chaussures et masser ses orteils quand un cri lui fit dresser les cheveux sur la tête. Un cri tonitruant. Et très faux.

Olivier sentit Léon trembler sous son bras, choqué par le cri qui s'étirait dans l'air. Un second hurlement, beaucoup plus près d'eux, poussa Olivier à chercher une arme pour se défendre. Il attrapa une grosse pierre.

Cocoricooooooooo !

Le Coq licorne ! Cadet Rousselle n'avait pas prévenu Olivier de sa taille si impressionnante. Il devait bien mesurer un mètre ! Il ébouriffait ses plumes multicolores en secouant sa tête où pointait dangereusement une corne très effilée. Et ses dents acérées n'étaient pas tellement rassurantes... Olivier se souvint pourtant des confidences de Cadet Rousselle : le Coq licorne était triste malgré son air courroucé.

— Bonjour, Monsieur le Coq licorne. Vous avez un cri remarquable ! Pourquoi restez-vous sur votre perchoir ?

— Pour réveiller les braves gens. Et les poules de la basse-cour.

— C'est dommage. J'ai croisé un jardinier tantôt qui ne parvient pas à se réveiller. On dirait que ses paupières pèsent trois tonnes ! J'ai crié en vain dans ses oreilles pour obtenir une réponse.

— Tu as crié très fort ? Montre-moi !

Olivier poussa un hurlement si strident que la crête écarlate du Coq licorne frémit.

— Tu dis qu'il n'a pas bronché ?

— Pas un tressaillement.

— Il aurait bien besoin de moi, se rengorgea le Coq licorne.

— Vous le trouverez endormi, j'en suis certain.

Le Coq licorne indiqua la direction à suivre à Olivier avant de s'éloigner en sens inverse. Il levait ses pattes très haut et ses griffes crissaient sur le sol à chacun de ses pas. Il avait vraiment fière allure et Olivier ne fut pas étonné de voir quatre poules sortir de la basse-cour pour lui dire adieu. L'une d'elles, la blanche, pleurait même un peu, car le Coq licorne était son premier amour.

Olivier s'attarda pour la consoler, puis il reprit la route.

Extrait de Chrystine BROUILLET, *Le voyage d'Olivier*, Québec, Musée du Québec, 2000.

4. Discute de ta lecture avec tes camarades.
- Que penses-tu de cette histoire de Chrystine Brouillet ?
- Quelle impression le Coq licorne a-t-il faite sur Olivier ?
- Reviens aux notes que tu as prises dans ton journal de bord. Avais-tu perçu le Coq licorne de la même façon qu'Olivier ?

5. Comme la peinture, la musique permet d'exprimer des émotions, des images et même de raconter des histoires. Ainsi, le compositeur Richard Strauss s'est inspiré d'une vieille histoire, *Till l'espiègle*, pour composer la pièce que tu vas entendre. L'histoire, qui remonte au Moyen Âge, raconte les espiègleries d'un jeune garçon. Écoute cette pièce en imaginant un garçon qui adore jouer des tours...

6. Partage avec tes camarades tes premières impressions : quelles images te sont venues à l'esprit en écoutant cette musique ?

7. Lis maintenant deux aventures de Till l'espiègle.

Le bain forcé du funambule

Till avait seize ans quand le vieux Klaus, son père, mourut. Après l'enterrement, sa mère et lui firent l'inventaire de leurs biens et découvrirent qu'ils étaient très pauvres. Malgré cela, Till continuait à faire mille bêtises et refusait obstinément d'apprendre un métier, ce qui désespérait sa mère.

Un beau jour, il se mit dans la tête d'apprendre à marcher sur un fil. Till avait-il trouvé un métier ? Il s'exerçait au grenier, en cachette de sa mère, car il se doutait qu'elle ne serait pas d'accord… Mais Anne finit par surprendre son fils. Brandissant un bâton, elle fit alors irruption dans le grenier et menaça le garçon, qui se sauva par la lucarne et se réfugia sur le toit. Till devint cependant un habile funambule. La maison qu'il habitait avec sa mère donnant sur la rivière, il eut une idée de génie : il tendit une corde au-dessus de l'eau, entre leur maison et celle d'en face, sur l'autre rive. Ce que voyant, une foule de villageois s'assembla pour assister au spectacle.

Au moment où Till arrivait au milieu du fil, sa mère l'aperçut. Elle grimpa quatre à quatre au grenier et coupa la corde… Till plongea la tête la première dans la rivière, tandis que les spectateurs riaient à gorge déployée et se moquaient de lui.

— On n'échappe pas tous les jours à son bain ! criaient les enfants, ravis.

Till était fou de rage, surtout à cause des plaisanteries dont il était l'objet. Il jura donc de se venger.

Il pleut des chaussures

La semaine suivante, Till tendit à nouveau une corde et annonça qu'il recommençait son exhibition. Curieux, les habitants accoururent. Alors le farceur demanda aux jeunes gens présents de lui donner chacun sa chaussure gauche, afin d'exécuter un tour exceptionnel.

Till les attacha l'une à l'autre avec une ficelle, emporta le tout sur son fil, fit quelques pitreries.

— Attention! Que chacun récupère son bien! s'écria-t-il soudain en coupant la ficelle.

Les jeunes gens se ruèrent sur les chaussures éparpillées en se battant comme des chiffonniers.

Till se tordait de rire et les apostrophait:

— Ça vous apprendra à vous moquer de moi!

Puis il sauta de son fil et disparut prestement.

Caché dans la maison familiale, Till y demeura un mois, s'exerçant cette fois à la cordonnerie. Sa mère se réjouissait, croyant à tort qu'il était devenu sage…

Extrait de GIANNINI, *Till l'espiègle*, adaptation de Catherine Chicandard, Paris, Hachette Livre/Gautier-Languereau, 1985.

8. Discute des aventures de Till avec tes camarades.

- Est-ce que Till est un garçon ingénieux? Quels tours a-t-il imaginés?
- Ses tours sont-ils toujours réussis? Pourquoi?
- Les histoires que tu as lues correspondent-elles à l'image que tu t'étais faite du personnage en écoutant la musique de Richard Strauss?

9. Depuis le début de ce projet, tu as regardé une peinture, écouté une pièce musicale et lu deux récits. Connais-tu mieux maintenant tes goûts en matière d'art ?

- Qu'est-ce que tu préfères : la peinture, la musique ou la littérature ?
- Savais-tu qu'il pouvait exister des liens entre une peinture et un récit ? entre une pièce musicale et un récit ?
- Y a-t-il des musiques, des peintures ou des récits que tu as particulièrement aimés ?

3 Lecture

Des animaux, des sorciers et une musicienne

Tu vas :

Exprimer tes réactions à des œuvres artistiques

Des récits, des peintures et des pièces musicales se croisent sur les sentiers de ton imagination. À toi de donner vie à des personnages fantastiques !

1. Maintenant que tu connais mieux tes goûts, tu peux choisir dans le recueil de textes (p. 129 à 144) des œuvres à explorer. Tu as le choix entre :

- des récits inspirés de tableaux :
  - une visite à un grand sorcier-magicien : Alkemistor Mirobolant,
  - l'aventure d'un tigre sorti de son tableau,
  - la rencontre d'un garçon et d'une musicienne ;
- des récits inspirés de pièces musicales :
  - une bataille étrange,
  - l'aventure d'un apprenti sorcier,
  - un carnaval bien particulier, celui des animaux.

2. Feuillette le recueil de textes et choisis le texte qui t'attire le plus.

- Selon le choix que tu as fait, observe le tableau ou écoute la pièce musicale qui accompagne le récit.
- Parcours le récit que tu as choisi et, s'il y a lieu, lis la présentation qui l'accompagne.

3. Laisse vagabonder ton imagination.

- Qu'est-ce qui te frappe le plus dans le tableau ou la pièce musicale : l'ensemble, un détail, la couleur ; les sonorités, un instrument, etc. ?
- Quelles images ou quelle histoire te viennent à l'esprit quand tu regardes le tableau ou que tu écoutes la pièce musicale ?
- Écris tes impressions dans la partie 1 de la fiche de lecture qu'on te remettra.

4. Lis l'histoire que tu as choisie.

5. Forme une équipe avec un ou une camarade qui a choisi le même texte que toi. Ensemble,

- partagez ce que vous avez compris de l'histoire ;
- résumez l'histoire dans la partie 2 de votre fiche.

6. Dites ce que vous pensez des œuvres que vous avez travaillées.

- Qu'est-ce que vous avez préféré : la musique ou le récit ? la peinture ou le récit ? Pourquoi ?
- Qu'est-ce que vous retenez de cette expérience ?

7. Écris ce que tu retiens de cette expérience dans la partie 3 de ta fiche.

Les mystères de la nuit

La nuit a inspiré nombre de peintres, de musiciens et d'écrivains. C'est un moment mystérieux, parfois rempli de douceur, parfois inquiétant, souvent fantastique. Dans le silence et l'obscurité, l'imagination se laisse aller au rêve et à la fantaisie. Tu vas maintenant raconter ce que la nuit t'inspire.

Planification

1. Avant d'écrire ton texte, tu vas laisser un peintre te parler. Observe le tableau *Nuit* de Philip Surrey.

Philip SURREY, *Nuit*, 1942.

2. Qu'est-ce qui te vient à l'esprit quand tu regardes ce tableau ? Échange tes impressions avec tes camarades, puis écris les idées qui te viennent en tête.

- Qu'est-ce qui te frappe : l'ensemble du tableau ou un détail ? les couleurs ? le personnage ?
- Le tableau te rappelle-t-il un souvenir ? une personne ? un lieu ?
- Quelle émotion fait-il surgir en toi ?
- Peux-tu imaginer une histoire à partir de ce tableau ?

3. Écoute un extrait de *Petite musique de nuit* de Mozart. Ensuite, partage tes impressions avec tes camarades et note les images, les idées, les émotions ou l'histoire qui te viennent à l'esprit.

- Y a-t-il une partie de la pièce ou un instrument de musique qui t'a touché ?
- Quelle émotion cette musique fait-elle naître en toi ?
- Vois-tu des images : des paysages, des personnages, des souvenirs, une histoire, etc. ?

4. Décide du genre de texte que tu veux écrire. Cela peut être un texte dans lequel tu exprimeras tes émotions et tes images, sous la forme d'un poème ou non. Tu pourrais aussi décider d'inventer une histoire.

5. Prépare ton texte.

- Si tu as décidé d'exprimer tes émotions et tes images :
  - relis tes notes et choisis les idées que tu veux conserver ;
  - ajoute d'autres idées pour préciser, nuancer ou compléter celles que tu as notées.

- Si tu as décidé d'inventer une histoire :
  - pense à tes personnages, au lieu où ils se trouvent, aux actions qu'ils font ;
  - décide comment ton histoire va commencer et comment elle va finir.

Rédaction et révision

1. Rédige ton texte en laissant l'espace nécessaire pour le travailler. Quand tu doutes de l'orthographe d'un mot, indique-le à mesure que tu écris.

2. Relis ton texte pour t'assurer qu'il exprime vraiment ce que tu avais en tête. Ajoute des idées au besoin.

LES MOTS ET LES PHRASES

Vocabulaire

Utilise
ton cahier
au besoin.

Tu vas :

Explorer
le vocabulaire lié
au thème de la nuit

1. Voici des mots et des expressions

   – qui ont un rapport avec la nuit :

   nuit, nocturne
   bleu nuit : un bleu très foncé
   lune, étoile, voûte céleste, clair de lune, coucher à la belle étoile

   – pour dire que c'est la nuit :

   il fait nuit, la nuit tombe, à la nuit tombante, la nuit venue, en pleine nuit

   – pour dire comment est la nuit :

   silencieuse, noire, profonde, obscure, claire, étoilée, sans lune, sans étoiles, orageuse, douce, enveloppante, inquiétante

2. Fais le travail qui suit avec ton équipe. Dites autrement les phrases suivantes. Remplacez les groupes de mots soulignés par d'autres mots énumérés à l'activité 1. Vous pouvez aussi déplacer ou ajouter des groupes de mots.

   A Par une nuit <u>d'orage</u>, des bruits terribles ont fait sursauter Wajdi.

   B Les amis de Simon sont arrivés sur la pointe des pieds <u>au début de la nuit</u>.

   C <u>Les rayons de la lune</u> donnaient aux montagnes une allure étrange.

   D On dit que les fantômes sortent les soirs de ciel <u>sombre</u>.

   E J'aime me promener dans la nuit <u>noire</u>.

3. Comme tu viens de le voir, il y a plusieurs façons de dire la même chose. Retourne à ton texte et choisis une phrase que tu aimerais modifier.

- Soumets-la aux membres de ton équipe pour qu'ils t'aident à trouver d'autres manières d'exprimer ton idée.
- Note leurs suggestions, puis fais les modifications que tu juges pertinentes.

Correction

L'ORTHOGRAPHE

Orthographe grammaticale

Utilise ton cahier au besoin.

Tu vas :

Reconnaître les verbes conjugués à un temps composé

1. As-tu déjà remarqué que les verbes s'écrivent parfois en un mot, parfois en deux mots ? Observe les deux exemples ci-dessous :

A La nuit, mon chat fait des mauvais coups.

B Hier, mon petit frère a fait un cauchemar.

- Dans la phrase A, le verbe « faire » est conjugué au présent ; c'est un temps simple et le verbe s'écrit en un seul mot.

- Dans la phrase B, le verbe « faire » est conjugué au passé composé ; c'est un temps composé et le verbe s'écrit en deux mots.

2. Observe comment les temps simples et les temps composés sont présentés dans tes tableaux de conjugaison. Communique tes observations à tes camarades.

   • Comment est construit le passé composé du verbe « aimer » ?
   • Où est placé le conditionnel présent du verbe « pouvoir » ?
   • Où trouves-tu l'impératif du verbe « venir » ?
   • Doit-on écrire « vous faisiez » ou « vous fesiez » ?
   • Le participe présent du verbe « savoir » est-il « en <u>savant</u> » ou « en <u>sachant</u> » ?

3. Observe les verbes dans les phrases suivantes.

   • Repère les verbes ;
   • trouve le tableau de conjugaison qui correspond à chaque verbe ;
   • montre à un ou à une élève le verbe du tableau qui est conjugué au même temps et à la même personne que le verbe de la phrase.

   A La nuit, je ronfle comme une vieille locomotive.

   B Le bébé de la voisine a pleuré toute la nuit.

   C Au musée, le garçon a regardé longuement la jeune musicienne.

   D Le tigre est sorti du tableau et il a suivi la vieille dame.

   E Lorsque j'étais petite, je rêvais souvent à des animaux bizarres.

   F Si j'avais pu, je serais venue à ton concert.

Tu vas :

Différencier les auxiliaires de conjugaison

4. Les verbes conjugués à un temps composé sont constitués de deux mots : l'auxiliaire « être » ou « avoir » et le participe passé du verbe.

   Ex. : Sabrina |est| |allée| au musée avec les élèves de sa classe.
   auxiliaire ◄┘   └► participe passé
   « être »   du verbe « aller »

   Pedro |a| |campé| au bord du lac l'été dernier.
   auxiliaire ◄┘   └► participe passé
   « avoir »   du verbe « camper »

5. Dans les phrases suivantes, quel auxiliaire a servi à conjuguer les verbes ?

   A Les élèves ont écouté le concert avec beaucoup de plaisir.

   B Le violoniste est arrivé à l'heure, mais bien nerveux.

   C Il était accompagné par une pianiste d'expérience.

   D Après le violoniste, une flûtiste a joué une courte pièce de Mozart.

   E À la fin du concert, les élèves sont partis le cœur joyeux.

6. Retrouve les membres de ton équipe. Ensemble,

- observez les verbes du texte suivant;
- expliquez comment s'accordent l'auxiliaire et le participe passé.

> Suzie est partie tôt le matin avec son amie Mélina.
> Ensemble, elles sont allées dans une cabane à la pêche sur
> la glace. Sébastien et son ami Federico sont arrivés peu de
> temps après elles. Les quatre amis sont restés des heures
> dans l'attente des fameux petits poissons des chenaux.
> En fin de journée, la lune est apparue au loin, toute ronde,
> dans un ciel bleu-gris. Les pêcheurs sont sortis de leur
> cabane en admiration devant ce spectacle nocturne.

7. Donnez votre explication à la classe. Après avoir entendu toutes
les explications, lesquelles retenez-vous?

8. Vérifiez si les explications retenues s'appliquent aux phrases suivantes.
Expliquez vos réponses.

A Cette nuit-là, beaucoup d'étoiles sont apparues dans le ciel.

B Les enfants ont admiré les reflets de la lune sur la neige.

C «Je suis fascinée par les spectacles nocturnes», a dit Mélina.

9. En équipe, élaborez une stratégie pour accorder les verbes conjugués avec l'auxiliaire « être ».

10. Vérifiez votre stratégie en la comparant à celle qui suit.

> **Pour accorder des verbes conjugués avec l'auxiliaire « être »**
>
> 1° Je repère les verbes conjugués à un temps composé.
>
> 2° J'identifie l'auxiliaire et le participe passé.
>
> 3° Je cherche le sujet.
>
> 4° J'accorde l'auxiliaire en nombre et en personne avec le sujet.
>
> 5° J'accorde le participe passé en genre et en nombre avec le sujet.

1. Retourne à ton texte et corrige chaque phrase, en suivant les étapes ci-dessous.
- Vérifie si la phrase est bien ponctuée et si elle est bien structurée.
- Repère les groupes du nom et vérifie si les noms, les déterminants et les adjectifs sont bien accordés.
- Repère les verbes et vérifie s'ils sont accordés correctement. Prête une attention particulière aux verbes conjugués avec l'auxiliaire « être ».
- Vérifie l'orthographe d'usage de tous les mots.

2. Repère cinq mots de ton texte que tu as trouvés difficiles à orthographier. Observe leur orthographe, transcris-les dans ton cahier, puis mémorise-les.

3. Transcris ton texte au propre en faisant attention de ne pas laisser d'erreurs.

4. Affiche ton texte dans la classe pour que tes camarades puissent le lire. Lis aussi les textes de tes camarades.

Orthographe d'usage

11. Observe et mémorise les mots suivants en te servant des stratégies que tu connais.

concert, musique, pièce

conte, histoire, poème, roman,

art, artiste, artistique

couleur, coloré, multicolore

exposer, exposition

écrire, écriture, écrivain, écrivaine

littéraire, littérature

œuvre

orchestre, chef d'orchestre

peindre, peintre, peinture, pinceau

son, sonore, sonorité

12. Trouves-tu facilement le féminin et le pluriel des noms et des adjectifs ? Sers-toi de la fiche *Joli tableau !* pour bien connaître l'orthographe de quelques adjectifs.

13. Tu sais qu'un verbe conjugué à un temps composé est constitué d'un auxiliaire et du participe passé de ce verbe.

Voici quelques verbes à l'infinitif :

choisir, connaître, mettre, partir, prendre, punir, sentir, sortir, surprendre, venir, voir, vouloir

Trouve le participe passé de ces verbes en te servant d'un tableau de conjugaison. Classe ensuite les participes passés dans un tableau comme celui-ci.

Le participe passé se termine en -u	Le participe passé se termine en -i	Le participe passé se termine en -is
	Ex. : choisi	

Les mystères de la nuit dévoilés

Tu as exploré les mystères de la nuit en compagnie de Wolfgang Amadeus Mozart et de Philip Surrey. Partage avec tes camarades l'histoire ou les images nées de cette expérience.

1. Donne tes impressions sur les textes de tes camarades.
   - Y a-t-il des textes qui te touchent davantage que d'autres ? Pourquoi ?
   - Y a-t-il des textes qui te surprennent ? En quoi te surprennent-ils ?
   - As-tu découvert des camarades sous un jour nouveau ? Qu'as-tu appris sur eux ?

2. Pour écrire ces textes, tes camarades et toi vous êtes inspirés des deux mêmes œuvres : *Nuit* de Philip Surrey et *Petite musique de nuit* de Mozart.
   - Quelle œuvre t'a inspiré le plus ? En quoi ?
   - Comment peux-tu expliquer que des textes écrits à partir des mêmes œuvres soient différents ?

3. Vous pourriez maintenant décider de diffuser vos textes. Comment le ferez-vous ? Par Internet ? En faisant un recueil ?

4. Commence maintenant ton bilan en discutant avec tes camarades. Dans ce projet, tu as exploré des peintures et des pièces musicales que tu ne connaissais pas.
   - As-tu fait des découvertes ? Lesquelles ?
   - Cette expérience dans l'univers des arts était-elle nouvelle pour toi ? L'as-tu trouvée agréable ? difficile ? Explique ce que tu as aimé, ce que tu as moins aimé.
   - Aimerais-tu revivre une expérience semblable ? Pourquoi ?

5. Sers-toi de la fiche qu'on te remettra pour faire ton bilan personnel. Dépose ton bilan, le texte que tu as composé et ta fiche de lecture dans ton portfolio.

Projet 2

Le goût de l'aventure

Des hommes et des femmes sont attirés par
les terres lointaines et les aventures périlleuses.
L'inconnu ne leur fait pas peur.
Au contraire, ils y trouvent un attrait.
Qui sont ces personnes ? Que cherchent-elles ?
C'est ce que tu sauras au cours de ce projet.

Le but du projet

Tu feras connaître aux élèves de ton école une personne, un explorateur ou une exploratrice, qui a eu le courage de sauter dans l'inconnu.

Les étapes à suivre

1. Avec tes camarades, tu vas t'interroger sur ce qui peut pousser des personnes à entreprendre des expéditions audacieuses.

2. Tu vas faire la connaissance de Bernard Voyer, un explorateur québécois de notre temps.

3. Avec ton équipe, tu vas entreprendre une recherche sur une autre personne qui n'a pas eu peur de l'inconnu.

4. Chaque membre de l'équipe va ensuite écrire un texte portant sur cette personne.

5. Vous allez présenter le résultat de votre recherche aux élèves de l'école. Tu feras ensuite le bilan du projet.

Tu vas apprendre à :

- soigner ton vocabulaire dans les discussions ;
- comprendre des phrases longues ;
- planifier et à réaliser une recherche ;
- faire des recherches dans Internet ;
- travailler en coopération ;
- utiliser les informations sélectionnées ;
- varier les phrases d'un texte ;
- repérer le groupe sujet et le groupe du verbe ;
- reconnaître le futur proche ;
- orthographier les verbes conjugués à un temps composé.

L'audace de partir

Il faut sûrement du courage et de l'audace pour quitter le confort et partir à l'aventure. Aimerais-tu en faire autant ? Qu'est-ce qui motive des personnes à partir ainsi, parfois au risque de leur vie ?

1. Aimerais-tu, un jour, relever un défi extraordinaire : explorer l'espace, aller à la recherche de vestiges du passé ou parcourir des régions peu connues ? Qu'est-ce qui t'attire dans ce genre d'exploit ?

2. On a souvent tendance à utiliser des mots anglais dans la conversation. Tout au long du projet, fais attention aux mots que tu emploies dans tes discussions.

On ne dit pas :	On doit dire :
check ça, check le camion	regarde ça, fais attention au camion, surveille le camion, as-tu vu le camion ?
il y avait full de monde à la patinoire	il y avait beaucoup de monde à la patinoire, la patinoire était remplie, la patinoire était bondée
j'ai full de cartes	j'ai plein de cartes, j'ai beaucoup de cartes, j'ai tout plein de cartes, j'ai un tas de cartes

3. Y a-t-il d'autres mots anglais que tu emploies souvent ? Discutes-en avec tes camarades. Ensemble, choisissez-en un et ajoutez-le à ceux qui précèdent.

4. Au cours de ce projet, tu vas connaître des explorateurs et des exploratrices. À ton avis, qu'est-ce qui peut pousser des personnes à entreprendre des expéditions périlleuses ?

5. À la fin du projet, chaque équipe présentera un explorateur ou une exploratrice aux élèves de l'école. En classe, décidez comment vous allez diffuser vos informations. Vous pouvez :

- organiser un kiosque ;
- faire des affiches ;
- élaborer une encyclopédie.

Ce sujet te passionne ? Tu aimerais en savoir davantage ? Parcours les suggestions de lectures à la page 250 de ton manuel.

L'attrait du froid et des glaces

Tu vas :

Comprendre des phrases longues

As-tu déjà entendu parler de Bernard Voyer? C'est un explorateur québécois qui «n'a pas froid aux yeux»! Sais-tu quelles régions l'attirent?

 Avec tes camarades, partage tes connaissances et les questions que tu te poses sur Bernard Voyer.

 Lis le texte qui suit pour mieux le connaître.

Bernard Voyer

À la conquête du froid

Bernard Voyer fait partie de ces originaux qui aiment l'hiver et le froid. Pour lui, l'Antarctique est une sorte de paradis sur Terre, même si plusieurs personnes ont baptisé cette région «l'enfer blanc». Il a été le neuvième être humain à atteindre le pôle Sud, sans chiens de traîneaux ni ravitaillement.

Le goût du dépassement

Lorsqu'il s'attaque à cette région la plus froide de la planète, Bernard Voyer a déjà effectué des expéditions polaires assez risquées. Il a franchi quatre fois la terre de Baffin. En 1992, il devient le premier humain à parcourir l'île Ellesmere, dans l'Arctique canadien. L'année suivante, il se rend au pôle Nord magnétique. Puis, il sillonne la Sibérie jusqu'au pôle Nord géographique. En 1995, il est le premier Canadien à traverser le Groenland. Après ces expériences, Bernard Voyer se sent prêt à tenter l'aventure la plus périlleuse qui soit : se rendre au pôle Sud.

Destination : le bout du monde !

Puisque c'est une île recouverte de glace, l'Antarctique n'est pas un endroit très accueillant. On dit que le froid a déjà atteint –89 °C et les vents, 320 kilomètres par heure ! Dans ce climat, très peu d'animaux peuvent survivre. Seules des personnes curieuses et déterminées se risquent sur ce territoire hostile.

Le Norvégien Roald Amundsen est le premier explorateur qui a atteint le pôle Sud, en décembre 1911, avec des chiens de traîneaux. Cet exploit est suivi de près par celui de Robert Scott et de son équipe, qui ont péri de froid sur le chemin du retour.

Bernard Voyer et son compagnon Thierry Pétry ont consacré trois ans à préparer cette expédition. Pour se mettre en forme, les deux complices se sont entraînés sur la calotte glaciaire du Groenland ! L'équipement a été étudié dans les moindres détails, et Bernard Voyer a lui-même participé à la conception des traîneaux. Ceux-ci

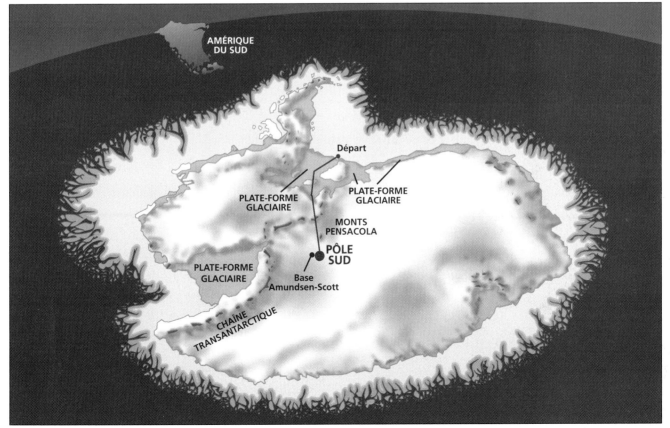

Le tracé en rouge représente le trajet parcouru par Bernard Voyer et Thierry Pétry pour atteindre le pôle Sud.

avaient la particularité de glisser tant sur la glace raboteuse que sur la neige. Il leur a aussi fallu apprendre à faire fonctionner les appareils qui allaient leur permettre de rester en communication avec le reste du monde.

Dormir dans une tente à –40 °C, affronter les tempêtes, la solitude... Qu'est-ce qui peut pousser deux personnes à se lancer dans une telle aventure?

Au cours de cette expédition, les deux hommes ont fait face à des difficultés physiques et psychologiques presque inhumaines. Ainsi, ils ont dû affronter des vents de 100 kilomètres par heure, des froids de –40 °C et du brouillard si épais qu'il leur était parfois impossible d'avancer. Et puis, chacun devait tirer un traîneau à provisions de 170 kilogrammes. Les aventuriers ont connu l'épuisement, le découragement, la solitude. La peur a été présente à chaque instant : peur de ne pas réussir, peur de tomber dans une crevasse, peur du froid, peur de mourir.

Mais cette équipée de 65 jours a aussi apporté de belles surprises : des paysages de glace d'une beauté unique, une blancheur et une propreté incomparables, des moments de calme, de paix et de silence inoubliables. Puis, le 12 janvier 1996, à 10 h 47, les deux skieurs reçoivent enfin leur plus belle récompense : ils atteignent le pôle Sud. Pour y parvenir, ils ont parcouru un trajet de près de 1500 kilomètres enneigés et glacés.

Patience, détermination et solidarité

L'Expédition pôle Sud a aussi intéressé les savants. Ainsi, Bernard Voyer a expérimenté du matériel de communication par satellite très perfectionné. Les nouveaux matériaux employés dans la fabrication des traîneaux ont résisté à des conditions extrêmes. Dans le futur, ces matériaux pourront servir à la construction d'embarcations. Enfin, les savants ont pu étudier les réactions du corps humain dans des conditions très difficiles.

Après l'Antarctique...

Il n'y a pas que le froid et la neige qui attirent Bernard Voyer. Depuis des années, il rêvait d'escalader la montagne la plus haute de la Terre, le mont Everest. C'est ce qu'il a finalement fait en 1999.

A-t-il d'autres projets? Pour le moment, il a choisi de faire partager ses connaissances et son goût de l'aventure en donnant des conférences, dans les écoles entre autres. Ces rencontres

Bernard Voyer et Thierry Pétry après avoir parcouru 1400 kilomètres dans ce désert blanc.

contribuent à faire découvrir des lieux inexplorés et montrent aux jeunes qu'on peut réaliser ses rêves si on y croit assez fort.

Pôle Sud magnétique à Vostok en Russie.

3. En classe, discutez de ce que vous avez appris sur Bernard Voyer. Aidez-vous des questions suivantes.

- Quelles expéditions Bernard Voyer a-t-il faites ?
- Pourquoi son voyage au pôle Sud est-il si remarquable ?
- Le texte a-t-il répondu aux questions que vous vous posiez sur Bernard Voyer ?
- Comment pourriez-vous en apprendre davantage sur cet explorateur des temps modernes ?

4. Y a-t-il des passages du texte que tu as trouvés difficiles à comprendre ? Lesquels ? Avec tes camarades, cherche des moyens qui peuvent t'aider à surmonter tes difficultés.

5. Dans les textes, il y a parfois des phrases longues qui sont difficiles à comprendre, comme celle-ci :

Lorsqu'il s'attaque à cette région la plus froide de la planète, Bernard Voyer a déjà effectué des expéditions polaires assez risquées.

Qu'est-ce que cette phrase signifie ? Comment as-tu fait pour la comprendre ?

6. Observe comment cette phrase est construite. Tu sauras ainsi reconnaître d'autres phrases qui présentent le même genre de difficulté.

A Lorsqu'il s'attaque à cette région la plus froide de la planète, Bernard Voyer a déjà effectué des expéditions polaires assez risquées.

- Une partie de la phrase commence par « lorsqu'».
- Elle est séparée du reste de la phrase par une virgule.

Observe les phrases ci-dessous:

B Bernard Voyer a déjà effectué des expéditions polaires assez risquées **lorsqu'il s'attaque à cette région la plus froide de la planète.**

C Bernard Voyer, **lorsqu'il s'attaque à cette région la plus froide de la planète,** a déjà effectué des expéditions assez risquées.

- Comme tu peux le remarquer, les parties de phrases qui commencent par un marqueur de relation comme «lorsqu'» peuvent être placées à différents endroits.

- Voici différents marqueurs de relation que tu peux trouver dans des cas semblables: «parce que», «quand», «lorsque», «afin que», «alors que», «avant que», «si», «tandis que», etc.

7. La stratégie suivante peut t'aider à comprendre ces phrases. Essaie de l'appliquer à la phrase que tu viens d'observer.

> **Pour comprendre une phrase longue qui contient un marqueur de relation comme «parce que», «lorsque», etc.**
>
> 1° Dans ma tête, je mets entre parenthèses la partie de la phrase qui commence par un marqueur de relation.
>
> 2° Je lis le reste de la phrase et j'essaie de la comprendre.
>
> 3° Je lis la partie de la phrase mise entre parenthèses:
> - je cherche le sens des marqueurs de relation;
> - je me demande ce que cette partie de phrase ajoute au reste de la phrase.
>
> 4° Je relis la phrase au complet pour bien la comprendre.

8. Avec un ou une camarade, trouve le sens de la phrase suivante. Utilise la stratégie que tu viens d'apprendre.

Puisque c'est une île recouverte de glace, l'Antarctique n'est pas un endroit très accueillant.

D'hier à aujourd'hui

Bernard Voyer n'est pas le premier explorateur du monde ! Longtemps avant lui, Marco Polo, Christophe Colomb et bien d'autres avaient exploré des terres inconnues. Tout récemment, Isabelle Autissier parcourait les océans en solitaire sur son voilier.

Tu vas :

Planifier et réaliser une recherche

Faire des recherches dans Internet

Travailler en coopération

1. Tu vas maintenant entreprendre une recherche sur une autre personne passionnée d'aventure.

- Forme une équipe avec des camarades.
- Ensemble, survolez les textes du recueil (p. 147 à 168) pour savoir quels explorateurs y sont présentés.
- Choisissez l'explorateur ou l'exploratrice qui vous intéresse le plus. Vous pouvez aussi opter pour un autre explorateur ou une autre exploratrice que vous connaissez.

2. Avant de commencer, planifiez votre travail.

- Quelles sont les forces de chaque membre de l'équipe ?
- Comment allez-vous faire pour assurer une bonne collaboration entre vous ?
- Comment allez-vous organiser votre recherche ?
- Savez-vous utiliser Internet pour faire des recherches ? Comment ferez-vous ?

3. Avez-vous déjà entendu parler de l'explorateur ou de l'exploratrice que vous avez choisi ? Notez les informations que vous savez sur cette personne.

4. Lisez une première fois le texte que vous avez choisi.

- Quelles idées importantes retenez-vous sur cet explorateur ou cette exploratrice ? Notez-les.
- Y a-t-il des informations que vous n'avez pas comprises ? Discutez-en ensemble afin de bien les comprendre ou demandez de l'aide.

5. Relisez le texte, puis sélectionnez les informations intéressantes sur votre sujet.

- Trouvez des informations qui précisent les idées importantes dont vous voulez parler. Notez-les.
- Quelles questions vous posez-vous encore sur le sujet que vous avez choisi ?

6. Pour compléter vos informations, faites une recherche à la bibliothèque et dans Internet.

- Trouvez des mots clés qui se rapportent à votre sujet. Cela peut être le nom de l'explorateur ou de l'exploratrice, des pays visités, des mots comme « bateau », « navigation », « archéologie », « expédition », « découverte », etc.
- Consultez le fichier ou la banque de données informatisée de la bibliothèque pour trouver les ouvrages qui portent sur votre sujet.
- Lisez la table des matières et l'index des ouvrages trouvés pour repérer des textes ou des chapitres.
- À l'aide des mots clés, faites une recherche dans Internet.

7. Lisez les textes que vous avez retenus.

- Sélectionnez les informations que vous voulez conserver pour approfondir votre sujet et notez-les.
- N'oubliez pas d'indiquer de quels livres ou sites proviennent les informations trouvées.
- Si vous trouvez des sites intéressants, ajoutez-les à vos favoris ou encore notez les adresses. Vous pourrez y revenir plus tard.

8. Discutez des informations que vous avez recueillies.

- Comparez les informations tirées du texte que vous avez lu à celles que vous avez trouvées dans les ouvrages de la bibliothèque ou dans Internet.
- Y a-t-il des informations qui se répètent ? Conservez uniquement celles qui sont les plus claires.
- Quelles informations se complètent ?
- Avez-vous trouvé des illustrations qui aideraient à faire comprendre le sujet ? Notez le titre et la page du livre ou encore le site Internet où elles figurent.
- Conservez vos notes pour l'étape « Écriture ».

9. Jusqu'à maintenant, votre travail se déroule-t-il bien ?

- Êtes-vous satisfaits de votre travail en équipe ? Est-ce que tous les membres assument leurs responsabilités ? Qu'est-ce que vous voulez améliorer ?
- Avez-vous trouvé suffisamment d'informations pour compléter votre recherche ? Qu'est-ce qui vous manque ? Où et comment pouvez-vous trouver les informations dont vous avez besoin ?
- Avez-vous recueilli des renseignements intéressants dans Internet ? Savez-vous bien vous servir de cette ressource ? Quelles difficultés avez-vous éprouvées ? Que pourriez-vous faire pour améliorer votre travail la prochaine fois ?

Un monde à faire connaître

Avec ton équipe, tu as déjà recueilli une foule d'informations captivantes sur un explorateur ou une exploratrice. Voilà le moment d'organiser ces informations, puis de rédiger un texte pour partager ce que tu as appris avec les élèves de ton école.

Planification

1. Rappelle-toi quel moyen vous avez décidé d'utiliser pour diffuser les informations que vous avez recueillies.

2. Retrouve les membres de ton équipe. Ensemble, planifiez les textes à écrire.
   - Relisez vos notes et décidez combien de textes vous aurez à écrire pour faire connaître les différents aspects de votre sujet.
   - Déterminez les responsabilités de chaque membre de l'équipe.
   - Discutez de ce que vous allez faire pour assurer la collaboration de tous les membres de l'équipe.

3. Déterminez le sujet de chaque texte et les informations qui devront y figurer. Pensez aussi aux illustrations qui l'accompagneront.

4. Fais le plan du texte que tu as à écrire.

Rédaction et révision

1. Écris ton texte au brouillon.

- Relis la partie rédigée pour enchaîner la suite de ton texte.
- Laisse assez d'espace pour pouvoir le retravailler.
- Si tu doutes de l'orthographe d'un mot, indique-le à mesure que tu écris.

2. Relis ton texte en te posant les questions suivantes.

- Ton texte contient-il toutes les informations dont tu voulais parler ?
- Est-ce que les informations te semblent claires et faciles à comprendre ?
- Sont-elles placées en ordre ?

LES MOTS ET LES PHRASES

Syntaxe et vocabulaire

Utilise ton cahier au besoin.

Tu vas :

Repérer le groupe sujet et le groupe du verbe

1. Tu sais déjà qu'une phrase déclarative doit contenir un groupe sujet et un groupe du verbe.

Ex. : | L'Antarctique | | est une île recouverte de glace |.
       groupe sujet   *groupe du verbe*

| Ce continent extrêmement froid | | attire les explorateurs audacieux |.
     groupe sujet   *groupe du verbe*

2. Repère le groupe sujet et le groupe du verbe dans les phrases suivantes.

A Bernard Voyer a escaladé le mont Everest.

B Cet explorateur québécois donne des conférences sur ses expéditions.

C L'aventure du pôle Sud a apporté de belles surprises aux voyageurs courageux.

3. Compare les deux phrases suivantes : ont-elles le même sens ?

   A Bernard Voyer rêvait de voyages.

   B Lorsqu'il était jeune, Bernard Voyer rêvait de voyages.

4. Les deux phrases C et D, puis E et F, ont-elles le même sens ? Quelle différence observes-tu ?

   C Peu d'explorateurs se sont rendus au pôle Sud parce que le climat est extrêmement rude.

   D Peu d'explorateurs se sont rendus au pôle Sud à cause du climat extrêmement rude.

   E Quand il arrive en Nouvelle-France, Samuel de Champlain est ébloui par les paysages magnifiques.

   F À son arrivée en Nouvelle-France, Samuel de Champlain est ébloui par les paysages magnifiques.

5. Observe les phrases suivantes. Qu'est-ce qu'on a fait pour éviter de répéter les mêmes mots ?

Bien avant l'arrivée de Christophe Colomb en 1492, les Vikings avaient déjà visité notre continent, l'Amérique. Ces navigateurs de génie avaient accosté au Groenland, en 981, et en Amérique, vers l'an 1000.

3. Retrouve les membres de ton équipe. Lis-leur ton texte puis, ensemble, discutez-en.

- Le texte est-il clair et facile à comprendre ?
- Les informations sont-elles présentées dans le bon ordre ?
- Faudrait-il préciser certaines idées ?

4. Choisis une phrase de ton texte, puis demande aux membres de ton équipe de t'aider à l'améliorer. Inspirez-vous des activités que vous venez de faire.

L'ORTHOGRAPHE

Orthographe grammaticale

> Utilise
> ton cahier
> au besoin.

Tu vas :

Reconnaître le futur proche

1. Au cours du projet précédent, tu as observé des verbes conjugués à un temps composé comme dans les deux exemples ci-dessous :

A Au pôle Sud, Bernard Voyer **a affronté** de grands dangers.

B Les Vikings **sont venus** en Amérique bien avant Christophe Colomb.

- Ces deux verbes sont conjugués au passé composé.
- Ils sont constitués d'un auxiliaire, « être » ou « avoir », suivi du participe passé du verbe.

2. Il y a un autre temps composé, très différent celui-là du passé composé. Observe les exemples qui suivent.

Passé composé	Futur proche
Un jeune grimpeur a escaladé l'Everest.	Un jeune grimpeur va escalader l'Everest.
Cette aventurière est partie dans le désert seule.	Cette aventurière va partir dans le désert seule.

- On emploie le futur proche pour parler d'événements qui auront lieu bientôt, dans un avenir proche.
- Le futur proche est un temps composé, constitué de l'auxiliaire « aller » suivi d'un verbe à l'infinitif.

3. Sais-tu distinguer le passé composé du futur proche ? Classe les verbes du texte suivant dans un tableau comme celui-ci.

Verbes au passé composé	Verbes au futur proche

Au sommet de l'Everest

J'ai lu plusieurs romans qui racontent des aventures périlleuses. Dans le dernier, des alpinistes sont partis à la conquête du mont Everest, le plus haut sommet de l'Himalaya. Ils ont mis beaucoup de temps à préparer leur voyage. L'entraînement physique a été très éprouvant, car une telle expédition exige beaucoup de force et d'endurance. Dans l'avenir, plusieurs personnes vont entreprendre à leur tour de gravir l'Everest, mais peu d'entre elles vont atteindre le sommet. Bientôt, je vais emprunter à la bibliothèque un ouvrage documentaire sur l'Himalaya. Je vais comprendre davantage le défi que représente l'ascension de l'Everest.

4. Forme une équipe avec un ou une camarade. Ensemble, expliquez l'orthographe des mots soulignés dans le texte suivant.

A Edmund Hillary et son sherpa, Tensing Norgay, <u>ont</u> été les premiers alpinistes à atteindre le sommet de l'Everest, en 1953.

B Bien avant eux, en 1924, Mallory et Irvine, deux alpinistes britanniques, <u>sont</u> <u>partis</u> à la conquête de cette montagne.

C Malheureusement, ils ne <u>sont</u> jamais <u>revenus</u> de cette expédition.

D Le corps de Mallory <u>est</u> <u>resté</u> sous les neiges de l'Everest jusqu'en 2000. On n'<u>a</u> pas encore retrouvé celui d'Irvine.

E D'autres alpinistes <u>vont</u> <u>relever</u> ce défi dans les années à venir.

F Ils <u>vont</u> <u>partir</u> à la conquête du plus haut sommet du monde.

1. Retrouve les membres de ton équipe. Ensemble, faites la correction de vos textes en vous attribuant des rôles. Chaque membre de l'équipe est responsable de l'un des aspects suivants :
- la structure des phrases et la ponctuation ;
- les accords dans les groupes du nom ;
- l'accord des verbes ;
- l'orthographe d'usage.

2. En équipe, décidez comment vous allez présenter vos textes.
- Transcris ton texte à l'aide d'un logiciel de traitement de texte.
- Ajoute les illustrations.
- Demande à un membre de l'équipe de relire ton texte afin de t'assurer qu'il ne contient plus d'erreurs.

Orthographe d'usage

5. Voici des mots qui commencent tous de la même façon : le « e »
de la première syllabe se prononce [è], mais il s'écrit sans accent.
Observe tous ces mots et mémorise leur orthographe.

excursion, exemple, expédition, expérience, explication, exploration,
explosion, exposition, exprès, extérieur

6. Au cours de ce projet, tu as vu souvent les mots suivants.
Utilise les stratégies que tu connais pour mémoriser leur
orthographe.

alpiniste
aventure
course – courir – parcourir
danger – dangereux – dangereuse
départ – partir – repartir
équipement
escalader
expédition
explorateur – exploratrice – exploration – explorer
grimper
navigateur – navigatrice – navigation – naviguer
mer
mont – montagne – monter – remonter
océan
sommet

7. Sers-toi de ta liste orthographique ou d'un dictionnaire pour trouver
le féminin des adjectifs suivants. Mémorise leur orthographe.

actif, attentif, craintif, instructif, sportif, vif

8. Lis ces mots à voix haute, tu verras que la dernière syllabe se
prononce toujours de la même façon. Mais **attention** ! Ces syllabes
ne s'écrivent pas toutes de la même manière. Mémorise
l'orthographe de ces mots.

action	expédition	discussion
addition	exploration	émission
attention	fraction	excursion
destination	multiplication	permission
direction	soustraction	

À la découverte des explorateurs

Tout au long de ce projet, tu es parti avec ton équipe à la découverte d'explorateurs de tous les temps. Voici le moment de diffuser le résultat de vos recherches.

1. Rappelle-toi le moyen de diffusion choisi par la classe au début du projet. Qu'est-ce qu'il vous reste à faire pour partager vos découvertes avec les élèves de l'école ?

2. Retrouve les membres de ton équipe. Ensemble, faites les derniers préparatifs de votre présentation.

3. Présentez votre travail.

4. Fais le bilan du projet avec les élèves de la classe.
- Qu'est-ce que tu as appris au cours de ce projet ?
- As-tu trouvé facilement des informations sur ton sujet ? Quelles difficultés as-tu éprouvées ?
- As-tu fait attention à ton vocabulaire au cours des discussions ?
- As-tu trouvé cela difficile de travailler en équipe ? Quelles difficultés as-tu éprouvées ?

5. Fais ton bilan personnel dans ton journal de bord. Réponds aux questions de la fiche qu'on te remettra.

8850 m

Projet **3**

Sur le bout de la langue

On aime entendre des mots doux, des mots gentils ou des mots d'amour. Les mots savants nous étonnent parfois, alors que les mots familiers nous rassurent. Et qui n'aime pas faire des mots d'esprit ? Grâce à ce projet, tu connaîtras la petite histoire des mots.

Le but du projet

Avec ta classe, tu vas créer un dictionnaire de mots inventés.

Les étapes à suivre

1. Tu vas découvrir comment on nomme une même réalité dans différentes langues.

2. Avec ton équipe, tu vas lire un texte, puis tu vas en discuter afin de connaître les secrets des mots.

3. En faisant appel à ta fantaisie et en suivant les règles du français, tu vas inventer des mots.

4. Avec ton équipe, tu vas présenter tes mots inventés à toute la classe. Tu vas terminer ce projet en faisant le bilan de tes apprentissages.

Tu vas apprendre à :

- exprimer clairement tes idées ;
- travailler en coopération ;
- faire preuve de créativité ;
- comprendre comment les mots sont formés en français ;
- lire un article de dictionnaire ;
- reconnaître et orthographier les pronoms.

Des liens de famille

Tu vas :

Exprimer clairement
tes idées

On ne nomme pas les êtres et les choses de la même façon dans toutes les langues. Par exemple, « enfant » se dit « child » en anglais ; c'est un mot tout à fait différent du mot français. Par contre, « cat » et « chat » se ressemblent, tandis que « table » s'écrit de la même façon en français et en anglais.

1. Le tableau suivant présente cinq réalités dans dix langues. Examine bien les mots du tableau et discutes-en avec tes camarades. Quelles ressemblances et différences observes-tu ?

LANGUES	MOTS				
Latin	mater	nasus	lac(tis)	panis	manus
Français	**mère**	**nez**	**lait**	**pain**	**main**
Italien	madre	naso	latte	pane	mano
Espagnol	madre	nariz	leche	pan	mano
Portugais	mãe	nariz	leite	pân	mão
Allemand	Mutter	Nase	Milch	Brot	Hand
Anglais	mother	nose	milk	bread	hand
Russe	mat	nos	moloko	khleb	rouka
Tchèque	matka	nos	mleko	chleb	ruka
Serbo-croate	majka	nos	mlijeko	hljeb	ruka

2 Quels mots et quelles phrases emploies-tu lorsque tu veux faire des comparaisons ? Voici quelques exemples. En connais-tu d'autres ?

A En allemand et en anglais, on utilise **le même** mot pour désigner la main.

B Le russe, le tchèque et le serbo-croate **se ressemblent** beaucoup.

C En allemand, tous les noms commencent par une lettre majuscule, **tandis qu'**en français, seulement les noms propres en prennent une.

3 Poursuis ton observation du tableau. Prête une attention particulière aux mots et aux phrases que tu emploies pour faire des comparaisons.

- Dans quelles langues les mots qui désignent du pain se ressemblent-ils le plus ?
- Est-ce que le mot qui veut dire « nez » en espagnol ressemble au mot français ? À quel autre mot français te fait-il penser ?
- Dans quelles langues les mots se ressemblent-ils le plus ? Comment expliques-tu cela ?
- Le français vient du latin. D'après toi, y a-t-il d'autres langues qui viennent du latin ?

4 Connais-tu des personnes qui parlent une autre langue que le français ?

- Comment dit-on « enfant », « père », « mère », « jouer » dans ces langues ?
- Ces langues s'écrivent-elles avec le même alphabet que le français ?

Ta curiosité n'a sans doute pas de limites ! Choisis une question à laquelle tu répondras au cours du projet.

L'histoire des mots te fascine ? Tu trouveras des suggestions de lectures sur le sujet à la page 251 de ton manuel.

nez

nasus

La petite histoire des mots

Derrière les mots se cache une histoire qui date parfois de plusieurs siècles. En lisant un des textes du recueil, tu feras des découvertes étonnantes, que tu pourras ensuite partager avec tes camarades.

1. Survole les textes du recueil (p. 169 à 184) et choisis-en un.
   - De quoi le texte parle-t-il ?
   - Te poses-tu des questions sur le sujet ? Écris-les sur la fiche *La petite histoire des mots*.

2. Tu vas maintenant découvrir la petite histoire des mots et des jeux littéraires.
   - Lis les questions de ta fiche.
   - Lis le texte une première fois et repère les paragraphes où tu trouveras des réponses à tes questions.
   - Rappelle-toi la stratégie à suivre pour trouver des réponses à tes questions. Si tu ne t'en souviens pas, consulte la page 248 de ton manuel.
   - Trouve des réponses aux questions que tu te poses et à celles de ta fiche.

3. Forme une équipe avec un ou une élève qui a lu le même texte que toi. Ensemble, vous allez approfondir le sujet que vous avez choisi. Vous en discuterez ensuite avec d'autres camarades.

   Lisez les consignes ci-dessous, puis décidez comment vous allez organiser votre travail.
   - Partagez les découvertes que vous avez faites à l'aide de votre fiche.
   - Au besoin, complétez votre fiche pour pouvoir communiquer clairement vos découvertes aux autres camarades.

4. Forme une équipe avec des élèves qui ont lu des textes différents du tien. Vous pourrez ainsi partager vos connaissances.
   - Décidez comment vous allez organiser votre échange d'informations.
   - Partagez vos découvertes en suivant les décisions prises.

5. Évaluez votre travail en équipe à l'aide des questions suivantes.
   - Chaque membre de l'équipe a-t-il apporté des informations claires ?
   - Avez-vous respecté le fonctionnement décidé en équipe ? Expliquez votre réponse.

Des mots curieux !

Tu vas :

Travailler en
coopération

Faire preuve
de créativité

Comme tu as pu le constater, les mots ont évolué sans cesse au cours des siècles. Encore aujourd'hui, on invente et on transforme des mots pour nommer des réalités nouvelles. Et si, pour une fois, on faisait l'inverse ? On pourrait inventer des mots pour ensuite créer des réalités nouvelles !

Planification

1. Avant 1971, le mot « micro-ordinateur » n'existait pas, tout simplement parce que cet objet n'avait pas encore été inventé.

- À ton avis, comment a-t-on créé ce mot ?
- Sais-tu comment on forme des mots en français ?

Vocabulaire

1. Observe les mots de même famille suivants.
Que remarques-tu ?

déneiger – enneiger

commande – télécommande

plonger – plongeur – plongeuse

piano – pianiste

Utilise
ton cahier
au besoin.

2. En français, on peut former de nouveaux mots en ajoutant
un élément à un mot existant (mot de base).

- Cet élément peut être placé avant le mot de base ; on l'appelle
alors « préfixe ».

Ex. : | **dé-** | | **in-** | | **mal-** |

faire → **dé**faire   capable → **in**capable   sain → **mal**sain

neiger → **dé**neiger   visible → **in**visible   chance → **mal**chance

- Quand l'élément est placé après le mot de base, on l'appelle
« suffixe ».

Ex. : | **-erie** | | **-ette** ou **-elette** | | **-iste** |

boucher → bouch**erie**   maison → maison**nette**   piano → pian**iste**

lait → lait**erie**   goutte → goutt**elette**   trapèze → trapéz**iste**

3. Retrouve les membres de ton équipe. Ensemble, lisez la fiche
Préfixes et suffixes.

- Quel changement le préfixe ou le suffixe apporte-t-il au mot
de base ?

- Trouvez d'autres mots formés avec les mêmes préfixes
et les mêmes suffixes.

- Communiquez vos découvertes à la classe.

2. Ensemble, vous allez créer des mots à l'aide de préfixes et de suffixes. Voici quelques exemples de mots inventés.

A livre ➝ livri**vore** Qualifie les êtres qui dévorent les livres.

B mot ➝ mot**ier** Arbre qui produit des mots.

C parler ➝ **rétro**parler Parler en commençant par les derniers mots d'une phrase.

3. Lisez les consignes qui suivent, puis décidez comment vous allez organiser votre travail.

- Chaque membre de l'équipe doit inventer au moins trois mots.
- Vous pouvez utiliser les préfixes et les suffixes de la fiche *Préfixes et suffixes* ou en prendre d'autres que vous connaissez.
- Vos nouveaux mots peuvent désigner des personnes, des animaux, des objets, des actions, des qualités ou des défauts.

Rédaction et révision

1. Parmi les mots que votre équipe vient d'inventer, choisis-en au moins trois à définir.

2. Rédige au brouillon la définition des mots que tu as choisis. Compose une phrase avec chacun de ces mots pour qu'on en comprenne le sens.

3. Lis tes trois définitions et vérifie si elles sont claires et précises.

4. Retrouve les membres de ton équipe.

- Lisez vos définitions à tour de rôle et assurez-vous qu'elles sont claires et précises.
- Vérifiez si les phrases composées illustrent bien le sens des mots.

Syntaxe et vocabulaire

Tu vas :

Lire un article
de dictionnaire

4. As-tu remarqué toute l'information que tu peux trouver sur les mots lorsque tu consultes un dictionnaire ?

- Cherche le mot « mastodonte » dans un dictionnaire. Comment fais-tu pour trouver rapidement un mot dans le dictionnaire ?

- Quelles informations y trouves-tu ?

5. Voici les informations qu'on trouve généralement dans un dictionnaire.

- Des informations grammaticales (elles peuvent t'aider lorsque tu fais des accords) :
    - la classe grammaticale : nom, adjectif, verbe, etc. ;
    - le genre des noms (masculin ou féminin) ;
    - la forme féminine des noms et des adjectifs, quand elle est différente de la forme masculine ;
    - le verbe modèle pour la conjugaison des verbes.

- Des renseignements sur le ou les sens du mot :
    - une définition ;
    - un exemple : une expression ou une phrase dans laquelle le mot est employé ;
    - des synonymes ou des mots de sens voisin.

    Si le mot a plusieurs sens, le dictionnaire les indique tous.
    Les sens sont numérotés.

6. Place-toi en équipe. Ensemble, cherchez dans un dictionnaire les mots de base que vous avez utilisés pour inventer des mots. N'oubliez pas de planifier votre travail avant de commencer.

- Notez les informations grammaticales.
- Combien de sens le mot de base a-t-il ?
- Pour chaque mot de base, écrivez le sens que vous avez retenu lorsque vous avez inventé vos mots.

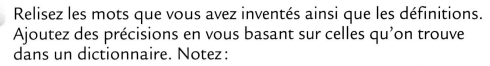

5. Relisez les mots que vous avez inventés ainsi que les définitions. Ajoutez des précisions en vous basant sur celles qu'on trouve dans un dictionnaire. Notez :

- les informations grammaticales ;
- les précisions sur le sens des mots.

Correction

L'ORTHOGRAPHE

Orthographe grammaticale

- Utilise ton cahier au besoin.

Tu vas :

Reconnaître et orthographier les pronoms

1. Tu sais déjà qu'un pronom est un mot qui, très souvent, remplace un groupe de mots. Un pronom renvoie à une personne, à une chose, à une idée qui a déjà été mentionnée dans le texte.

Ex. : <u>Les êtres humains</u> ont inventé le langage il y a déjà 100 000 ans.

> « Ils » remplace « Les êtres humains »

A **Ils** ont senti le besoin de partager leurs sentiments et leurs idées.

> « leur » remplace « aux êtres humains »

B Le langage **leur** a permis de communiquer plus facilement.

D'autres pronoms désignent plutôt les personnes qui communiquent (des personnes qui parlent et à qui l'on parle).

Ex. : « J'aimerais apprendre plusieurs langues. **Je te** trouve chanceuse de connaître le chinois. Est-ce que **tu** sais aussi écrire cette langue ? Dans ta famille, parlez-**vous** chinois ? »

2. Tu emploies souvent des pronoms quand tu parles et quand tu écris. Sauras-tu les reconnaître dans les phrases qui suivent?

A Julio parlait l'espagnol dans son pays d'origine. Il trouve cette langue très belle. Il la parle régulièrement à la maison et avec quelques amis.

B Certaines personnes parlent plusieurs langues. Nous disons qu'elles sont polyglottes. Les chanceuses! Elles peuvent voyager et se faire comprendre dans de nombreux pays.

3. Les pronoms que l'on emploie le plus souvent sont les pronoms personnels.

- Certains pronoms personnels servent à conjuguer les verbes; ils ont la fonction de sujet. Ces pronoms sont « je », « tu », « il », « elle », « nous », « vous », « ils », « elles ».

- Observe le tableau suivant. Tu verras qu'il y a d'autres pronoms personnels que tu connais. Tu remarqueras aussi que les pronoms « elle », « nous », « vous » et « elles » ne sont pas toujours sujets.

	Au singulier	Au pluriel
1re personne	**me, m', moi** Ex.: Paulo **me** parle. Christina joue avec **moi**.	**nous** Ex.: Paulo **nous** parle. Christina joue avec **nous**.
2e personne	**te, t', toi** Ex.: Simon **te** raconte une blague. Ève viendra sans **toi**.	**vous** Ex.: Simon **vous** raconte une blague. Ève viendra sans **vous**.
3e personne	**le, la, l', lui, se, s'** Ex.: Karina aime sa langue maternelle et **la** parle souvent dans sa famille. Ses frères **lui** parlent plutôt en français. Karina **se** trouve chanceuse de parler trois langues.	**elles, les, eux, leur, se, s'** Ex.: Les parents de Karina parlent plusieurs langues. Ils **se** disent chanceux **eux** aussi. Il **leur** arrive souvent de lire des histoires en français aux enfants. Ils **les** endorment tous les soirs avec une histoire nouvelle.

- Le pronom personnel est masculin ou féminin, singulier ou pluriel, selon ce qu'il désigne.

   Ex. : **A** Marilou aime faire des mots croisés. **Elle** s'amuse même à en inventer.

   B Plus les mots croisés sont difficiles, plus Marilou **les** aime.

   C «Marilou, **tu** es championne pour trouver des mots dans le dictionnaire!»

Attention! Les mots «le», «la», «l'», «les» et «leur» sont parfois des déterminants, parfois des pronoms.

- Ce sont des déterminants lorsqu'ils font partie d'un groupe du nom. Ils précèdent alors un nom ou un adjectif suivi d'un nom.

   Ex. : **Les** pays où on parle **le** français font partie de **la** vaste communauté qu'on appelle **la** francophonie.
   Les francophones sont fiers de **leur** langue.

- Ce sont des pronoms lorsqu'ils remplacent un groupe de mots. Dans ce cas, ils ne sont jamais suivis d'un nom.

   Ex. : Pedro dit qu'il parle trois langues. Je **le** crois puisque je **l'**ai entendu souvent parler à ses parents. Il **leur** demande toujours une permission en espagnol. Ses parents **lui** donnent cette permission plus facilement.

Remarque : Lorsqu'il est pronom, le mot «leur» s'écrit toujours sans «s».

4. Place-toi en équipe. Ensemble, repérez les pronoms dans le texte suivant et dites quels groupes de mots ils remplacent.

Dans ma classe, Maria et Suzanna parlent le portugais. Elles échangent parfois quelques mots dans leur langue, mais elles préfèrent utiliser le français à l'école. Elles le parlent très bien d'ailleurs et tous les élèves les comprennent parfaitement. Tran parle le chinois chez lui. Ses parents, eux, connaissent quatre langues : le chinois, le vietnamien, l'anglais et le français. Ils les ont apprises au cours de leurs nombreux voyages.

5. Trouvez le pronom qui convient dans les phrases suivantes. Dites comment il devrait s'écrire et expliquez pourquoi.

A Le dictionnaire nous surprend parfois ! ▆▆ nous apprend, par exemple, que le mot «chute» a sept sens.

B Si les mots n'existaient pas, il faudrait ▆▆ inventer.

C Sais-tu ce que signifie l'expression «avoir un mot sur le bout de la langue»? ▆▆ veut dire : ne pas trouver un mot alors qu'on est certain de ▆▆ connaître.

D Les bons amis se comprennent parfois à demi-mot. ▆▆ n'ont pas besoin de tout s'expliquer.

E «Motus et bouche cousue!» dit Geneviève à Sandrine. ▆▆ partageaient maintenant un grand secret et elles s'étaient juré de ne jamais ▆▆ révéler.

F Mon amie Carla adore jouer aux charades. Je ▆▆ trouve très bonne.

Toujours en équipe, corrigez les définitions des mots que vous avez inventés.
- Vérifiez la ponctuation et la structure de chaque phrase.
- Repérez les groupes du nom et vérifiez les accords.
- Vérifiez si les pronoms personnels sont bien orthographiés.
- Vérifiez l'accord des verbes. Consultez un tableau de conjugaison, au besoin.
- Vérifiez l'orthographe d'usage de tous les mots.

Relevez chacun cinq mots que vous trouvez difficiles à orthographier. Observez la partie difficile de chaque mot, puis mémorisez-le.

Transcris tes trois définitions au propre en suivant les consignes de ton enseignante ou de ton enseignant.

Orthographe d'usage

6. Observe et mémorise l'orthographe des mots suivants,
qui sont groupés par famille de mots.

aile – ailier

caisse – caissier – caissière

corde – cordon – cordonnier – cordonnière

jardin – jardinier – jardinière – jardinage

lait – laitier – laitière – laiterie

prison – prisonnier – prisonnière

7. Voici des mots qui contiennent le suffixe « -ette ».

casquette, clochette, disquette, fillette, maisonnette, roulette

- Trouve le mot de base qui a servi à former chacun de ces mots.
  Utilise au besoin ta liste orthographique.

- Écris et mémorise chaque paire de mots.

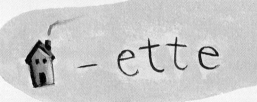

8. Complète les séries de mots suivantes par un ou des mots de
la même famille. Utilise le préfixe « dé-/dés- », « re- » ou « in-/im- ».
Mémorise ensuite l'orthographe de tous les mots.

agréable, ■

capable, ■

courage, encourager, ■

couverture, couvrir, découverte, ■, ■

habiller, ■

obéir, obéissant, obéissante, ■, ■, ■

ordre, ■

possible, ■

rang, rangée, ranger, ■

visible, ■

Le mot de la fin

Penses-y ! Ensemble, vous avez créé un dictionnaire de mots inventés. C'est unique ! Avec ton équipe, tu vas maintenant présenter à la classe les mots que vous avez préparés pour votre dictionnaire.

1. Retrouve les membres de ton équipe. Ensemble, préparez votre présentation.

   Trouvez une façon originale de présenter les mots que vous avez inventés. Par exemple, vous pouvez :
   - préparer une devinette ou une charade ;
   - enseigner ces mots de façon humoristique ;
   - afficher les mots et leur définition accompagnés d'une illustration.

2. Présentez vos mots le plus clairement possible en soignant votre langage, puis écoutez la présentation des autres équipes.

3. Avec la classe, rassemblez vos mots inventés en un dictionnaire en les plaçant par ordre alphabétique.

4. En équipe, faites le bilan de votre travail.
   - Qu'est-ce que vous retenez de votre lecture ?
   - Pouvez-vous expliquer comment sont formés les mots en français ?
   - Êtes-vous satisfaits de l'organisation de votre travail ?
   - Que voudriez-vous améliorer pour le prochain travail en équipe ?

5. Communiquez les idées importantes de votre bilan à vos camarades.

6. Fais ton bilan personnel dans ton journal de bord en remplissant la fiche qu'on te remettra.

Projet 4

Avec les yeux du cœur

Il y a certainement, enfouis dans un coin de ta mémoire, des souvenirs d'enfance qui ne demandent qu'à s'exprimer. Ravive ces souvenirs en lisant des poèmes qui chantent les premières années de la vie.

Le but du projet

Tu vas participer à une fête des enfants. Au cours de cette fête, tu vas lire et écouter des poèmes qui parlent de ton enfance et de celle de tes camarades.

Les étapes à suivre

1. Tu vas partager avec tes camarades quelques souvenirs d'enfance.

2. Tu vas lire trois poèmes sur l'enfance dont la forme est très différente.

3. Avec les membres de ton équipe, tu vas lire et discuter d'autres poèmes sur l'enfance.

4. À ton tour, tu vas laisser parler ton cœur : tu vas écrire un poème qui parle de toi.

5. Tu vas participer à la fête des enfants en lisant un poème de ton choix. Tu vas ensuite faire le bilan du projet.

Tu vas apprendre à :

• te connaître davantage ;

• exprimer tes sentiments ;

• observer la forme des poèmes ;

• apprécier des poèmes ;

• faire preuve de créativité ;

• consulter un dictionnaire ;

• t'interroger sur le sens des mots ;

• faire les accords dans les groupes du nom ;

• orthographier les pronoms personnels ;

• reconnaître les temps composés ;

• orthographier des verbes conjugués à des temps composés.

Des pleurs et des rires

Si les pleurs d'un enfant nous arrachent parfois les larmes, ses rires déclenchent chez nous de grands éclats de joie. Et toi, quelles émotions as-tu vécues jusqu'à maintenant ?

1. Forme une équipe avec des élèves avec qui tu peux facilement parler de tes sentiments et de tes émotions.

   • Partagez quelques souvenirs d'enfance et les émotions que vous avez ressenties. Servez-vous des questions suivantes pour orienter votre discussion.

     – Lorsque vous pensez à votre enfance, y a-t-il un souvenir qui survient spontanément ? Racontez-le.

     – Que ressentez-vous quand vous évoquez ce souvenir ?

   • Au cours de la discussion, utilisez un vocabulaire qui exprime bien vos sentiments et vos émotions. Aidez-vous mutuellement à trouver les mots justes.

2. Dans ton journal de bord, écris une impression ou un souvenir qui est encore très vivant dans ta mémoire.

3. Tous les enfants du monde se ressemblent, dit-on. Pourtant, tous ne vivent pas les mêmes expériences. Partage avec les élèves de ta classe ce qui te vient à l'esprit quand tu regardes les photos ci-contre. Au cours de la discussion, trouve les mots qui expriment fidèlement ce que tu ressens.

Les photos ont-elles éveillé en toi des questions sur les enfants du monde ? Écris ces questions et dépose-les dans la boîte aux questions. Pourquoi ne répondrais-tu pas à l'une d'elles ?

Au cours de ce projet, tu auras l'occasion de lire des poèmes qui parlent de l'enfance. Aimes-tu lire des poèmes ? Tu pourras sûrement en trouver à ton goût dans les suggestions de lectures, à la page 251 de ton manuel.

La naissance d'un poète

Les poètes voient le monde avec les yeux du cœur. Chacun, avec ses mots, fait revivre des moments de bonheur, d'émerveillement, de souffrance et d'espoir. Pour se raconter, les poètes donnent aux mots des formes parfois surprenantes. Observe bien les poèmes choisis pour toi.

 Écoute le poème suivant sur cassette ou sur disque, puis lis-le.

L'enfance enfile ses culottes,
court sur la grève,
grimpe avec les écureuils.

Elle porte son regard
haut et loin,
revient sur ses pas.

Fouine et rieuse,
un tantinet mélancolique
à l'occasion.

L'enfance s'émerveille
au jeu de saute-mouton
des saisons.

À jamais.

Monique POITRAS-NADEAU, inédit.

2. Partage avec tes camarades ce que tu comprends du poème.
   • Pour l'auteure, est-ce que l'enfance est un moment heureux ?
   • Que penses-tu de ce poème : le trouves-tu agréable à lire ? Quelles émotions suscite-t-il en toi ?

3. Lis maintenant le poème suivant.

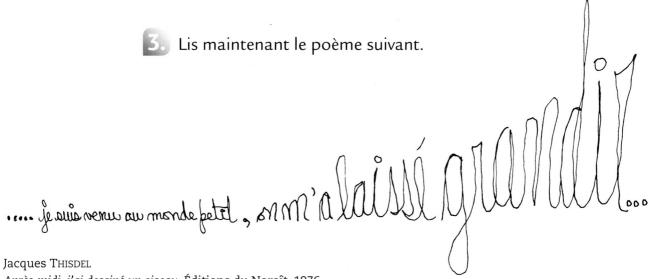

..... Je suis venu au monde petit, on m'a laissé grandir...

Jacques THISDEL
Après-midi, j'ai dessiné un oiseau, Éditions du Noroît, 1976.

4. Partage tes impressions avec les élèves de la classe.
- Est-ce que la forme du poème te surprend ?
- Que penses-tu de l'idée exprimée dans ce poème ?
- À ton avis, pourquoi l'auteur a-t-il écrit son poème de cette façon ?

5. Voici un troisième poème, écoute-le attentivement, puis lis-le.

L'Enfant Bonheur

L'Enfant Bonheur
    s'est levé de bonne heure,
    ce matin,
    pour préparer demain.

Il faisait encore nuit
    quand il a fui
    vers les montagnes,
    sans que personne ne l'y accompagne.

Là-bas, il a soufflé sur la nuit
    pour que les étoiles descendent en pluie
    pour que les étoiles nous inondent de leurs brins de fantaisie,
    de leurs graines de Poésie.

Sonia GIRARD
Tiré de Jacques Charpentreau, *Les poètes de l'an 2000*, coll. Le Livre de Poche Jeunesse. © Hachette Livre

6. Discute de ce poème avec tes camarades.
- Quelles images te viennent en tête quand tu lis ce poème ?
- Crois-tu que les enfants peuvent apporter le bonheur ?

7. Tu viens de lire trois poèmes dont la forme est très différente.
- Quelles ressemblances et quelles différences remarques-tu entre ces poèmes ?
- Quelle forme préfères-tu ? Pourquoi ?

3 **Lecture**

D'autres poètes de l'enfance

Tu vas :

Observer la forme
des poèmes
Apprécier des poèmes
Te connaître davantage

Comme tu as pu le constater, les poètes savent varier la forme de leurs poèmes. Ils ne racontent pas non plus les mêmes émotions ni les mêmes souvenirs. Lis d'autres poèmes, tu en trouveras sûrement un qui se rapproche de tes souvenirs et de tes émotions.

1. Dans le recueil (p. 185 à 200), tu trouveras plusieurs poèmes qui parlent de l'enfance. Deux poèmes, parfois trois, sont groupés sous un même thème.
- Écoute d'abord l'ensemble des poèmes.
- Dans ton journal de bord, note ce qui t'a frappé le plus.

2. Forme une équipe avec un ou une autre élève.
- Ensemble, survolez les poèmes du recueil. Observez les thèmes, les titres et les illustrations. Choisissez le thème qui vous attire le plus.
- Écoutez les poèmes que vous avez choisis en suivant le texte.
- Lisez les poèmes attentivement, à voix haute si cela peut vous aider à les comprendre et à les apprécier.

3. Partagez vos impressions.

- Qu'est-ce qui vous plaît dans chacun de ces poèmes : les idées ? les images ? les sonorités ? la manière dont il est écrit ?
- Quels souvenirs et quelles émotions ces poèmes éveillent-ils en vous ?

4. Si vous aviez à recommander un de ces poèmes à des camarades, comment le présenteriez-vous ?

- Choisissez d'abord le poème que vous voudriez suggérer à vos camarades.
- Préparez une courte présentation qui leur donnera le goût de le lire.
- Utilisez des mots qui expriment bien vos sentiments et vos opinions.

5. Forme une équipe avec des élèves qui ont choisi un autre thème que toi.

- Présente-leur le poème que tu as choisi.
- Lis-leur ton poème de façon à le rendre le plus intéressant possible.

6. Qu'est-ce que tu retiens de cette expérience ? Écris tes impressions dans ton journal de bord.

- Quelles images de l'enfance te restent en mémoire ?
- Écris les mots, les images ou les idées que tu as particulièrement aimés.
- Les poèmes que tu as lus t'ont-ils permis d'apprendre quelque chose sur toi ? Explique ta réponse.

Des images de mon enfance

Tu vas :

Faire preuve de créativité

La tête pleine de souvenirs, d'images et de mots, le cœur gonflé d'émotions, tu vas maintenant composer un poème qui parlera de toi et de ton enfance. Au moment de la fête des enfants, tu pourras lire celui que tu as composé ou un autre que tu as beaucoup aimé.

Planification

1. Prépare-toi à écrire ton poème.

- Relis les réflexions que tu as notées dans ton journal de bord.
- Écoute de nouveau le disque ou la cassette de poèmes.
- Trouve le sujet de ton poème : tu peux parler d'un souvenir heureux ou triste, d'une personne, d'un animal ou d'un objet qui a marqué ton enfance, de lieux que tu as aimés, des enfants du monde, etc.

2. Tu vas maintenant trouver des idées et des images pour ton poème. C'est le temps de laisser parler ton imagination et ta fantaisie. Profites-en ! Pour une fois, on ne te demande pas de raisonner...

- Pense à ton sujet et note le mot qui te vient spontanément à l'esprit.
- Trouve d'autres mots auxquels ce mot te fait penser. Écris-les.
- Trouve des mots qui n'ont aucun lien avec le mot que tu as choisi ou qui peuvent même vouloir dire le contraire.

3. En classe, dites votre mot de départ et les mots que vous avez trouvés, mais sans dévoiler le sujet de votre poème.

Parmi les mots qui ont été mentionnés par tes camarades, y en a-t-il qui iraient bien avec le sujet de ton poème ? Si oui, prends-les en note.

4. Réfléchis de nouveau à ton poème.

- Dessine une forme, fais une tache de couleur ou un dessin qui illustre bien le sujet de ton poème.
- Imagine que, du haut des airs, tu vois le sujet de ton poème (une personne, un animal, un objet, un lieu, un événement, etc.). Qu'est-ce que tu verrais ? Écris quelques idées.
- Si tu passais tout près du sujet de ton poème, qu'est-ce que tu verrais et qu'est-ce que tu entendrais ? Quels sentiments éprouverais-tu ? Écris ces idées.

5. Tu as maintenant des mots et des idées sur ta feuille ou dans ton cahier. Regarde-les pendant quelques minutes.

- Choisis les idées et les mots que tu veux conserver.
- Ajoute d'autres mots et d'autres idées qui pourraient compléter ton poème.

6. Pense à la forme que tu veux donner à ton poème. Tu peux faire :

- un poème en vers libres comme le poème de Monique Poitras-Nadeau (p. 58) ;
- un calligramme ou encore une typoscénie comme le poème *Je suis venu au monde* (p. 59) ;
- un poème en vers avec des rimes comme *L'Enfant Bonheur* (p. 59).

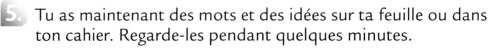

Rédaction et révision

1. Écris ton poème au brouillon comme tu le fais habituellement.

2. Ajoute au fur et à mesure les idées qui te viennent à l'esprit.

3. Relis ton texte et vérifie s'il traduit bien tes images, tes sentiments et tes idées. Ajoute ou déplace des idées si tu le désires.

Vocabulaire

Tu vas :

Consulter
un dictionnaire

T'interroger sur
le sens des mots

Utilise
ton cahier
au besoin.

1. Tu sais maintenant comment utiliser un dictionnaire et tu connais toutes les informations que tu peux y trouver. Vérifie tes connaissances avec les élèves de ta classe.

- Comment fais-tu pour trouver rapidement un mot dans le dictionnaire ?

- Quels renseignements trouve-t-on sur un mot ?

- D'après ton dictionnaire, peut-on écouter des poèmes avec « ravissement » ? Compare la définition donnée dans ton dictionnaire du mot « ravissement » à celle d'autres dictionnaires.

- Comment fait-on pour trouver des synonymes dans un dictionnaire ?

2. As-tu de la difficulté à trouver les mots qui expriment exactement ce que tu ressens ? Place-toi en équipe pour faire le travail suivant.

- Associez à chaque nom de la liste qui suit des adjectifs qui expriment le même sentiment que le nom. Utilisez la fiche *Peine, peur, plaisir...* Au besoin, consultez un dictionnaire.

Noms qui expriment des sentiments

colère, confiance, courage, peine, peur, plaisir, surprise

Adjectifs

apeurée, assurée, audacieuse, brave, confiante, content, courageux, craintif, effrayée, enragée, estomaqué, étonnée, fâché, furieux, hardie, heureux, malheureuse, satisfait, sombre, stupéfaite, sûr, triste

- Choisissez trois adjectifs dans cette liste et employez chacun d'eux dans une phrase.

    Ex.: Annabelle est devenue <u>furieuse</u> quand elle a vu son chien en train de déchiqueter son ourson en peluche.

3. Trouve les noms qui sont de la même famille que les adjectifs suivants, puis classe-les au bon endroit dans la troisième colonne de ta fiche. Vérifie ensuite ton travail avec les membres de ton équipe.

assuré, audacieux, content, craintif, enragé, étonné, furieux, malheureux, satisfait, triste

4. Choisis un mot ou une phrase que tu veux modifier pour améliorer ton poème. Discutes-en avec les membres de ton équipe.

- Ensemble, cherchez des façons de faire cette modification.
- Au besoin, consultez *Mes outils pour écrire*. Vous pouvez aussi consulter un dictionnaire.

4. Retourne à ton poème et vérifie s'il traduit bien tes idées.

- Rappelle-toi les suggestions qui t'ont été faites par ton équipe. Choisis celle qui te convient.
- Modifie, si tu le désires, d'autres mots ou d'autres phrases de ton poème : ajoute ou déplace des idées ou encore remplace des mots par des synonymes.

Correction

L'ORTHOGRAPHE

Orthographe grammaticale

Utilise ton cahier au besoin.

Tu vas:

Faire les accords dans les groupes du nom

1. Compose cinq phrases fantaisistes en suivant ces consignes :

- le sujet doit être formé d'un groupe du nom puisé dans la liste A ;

- le sujet doit aussi contenir un adjectif de la liste B ;

- tu dois faire les accords dans tous les groupes du nom.

Ex. : Des éléphants polis traversent le désert en faisant des courbettes.

A. Groupes du nom

des éléphants – trois grenouilles – ces oursons – cinq girafes – mes jouets – la tortue – vingt araignées – une marionnette – deux papillons – une locomotive

B. Adjectifs

bleu – doux – ému – étonné – excité – fâché – furieux – gâté – malheureux – poli

2. Forme une équipe avec un ou une élève.

- Donne tes phrases en dictée à ton ou à ta camarade.

- Prends ensuite ses phrases en dictée.

- Vérifiez ensemble les accords dans les groupes du nom.

3. Tu sais déjà comment orthographier les pronoms personnels. Remplace par un pronom personnel les groupes du nom qui sont répétés dans les phrases suivantes.

A Fabienne a conservé dans une vieille armoire tous les jouets de son enfance. L'autre jour, Fabienne a invité Annie à jouer chez elle. Fabienne et Annie ont alors ouvert l'armoire aux souvenirs et se sont bien amusées.

B Les jouets s'animent souvent dans les rêves des enfants. Les jouets prennent des couleurs vives et des proportions énormes.

C En se promenant dans le jardin, Étienne et Jason ont découvert un nid de fourmis. Étonnés, Étienne et Jason ont passé des heures à observer les fourmis.

4. Les verbes des phrases ci-dessous sont conjugués à un temps composé. Classe-les dans un tableau comme celui-ci.

Verbes au passé composé		Verbes au futur proche
avec l'auxiliaire « être »	avec l'auxiliaire « avoir »	

A De tout temps, les jeunes du monde entier ont cru en un avenir radieux.

B Miguel et Claudio sont partis dans leur famille au Costa Rica.

C Isabelle va composer un recueil de ses plus beaux poèmes.

D Les enfants qui vont communiquer avec nous par Internet ont connu la guerre dans leur pays.

E Les poèmes de nos correspondants nous sont parvenus hier, en même temps que nous avons envoyé les nôtres.

Tu vas :

Orthographier les verbes conjugués à des temps composés

5. Place-toi avec un ou une camarade. À tour de rôle, expliquez l'orthographe des mots soulignés dans les phrases suivantes.

Souvenirs d'enfance

L'été dernier, j'<u>ai</u> passé deux semaines dans un camp de vacances. La première journée, lorsque nous <u>sommes descendus</u> de l'autobus, nous <u>avons</u> sauté de joie. À la fin, quand nous <u>sommes</u> <u>partis</u>, plusieurs campeurs <u>ont</u> pleuré. L'été prochain, je <u>vais</u> <u>passer</u> encore deux semaines dans le même camp.

Lorsque Victor était petit, il <u>a</u> adopté un chiot. Il l'<u>a</u> nourri tellement bien que l'animal <u>est</u> <u>devenu</u> énorme !

Marie-Lise <u>a</u> traîné longtemps sa couverture de bébé. Un jour, quand elle avait deux ans, elle <u>a</u> oublié sa doudou au parc. Quand elle a constaté l'oubli, sa mère <u>est</u> <u>sortie</u> de la maison en trombe, elle a enfourché son vélo et <u>est</u> <u>allée</u> chercher la doudou. Pendant ce temps, le père de Marie-Lise <u>est</u> <u>resté</u> à la maison pour la consoler. Jamais Marie-Lise ne <u>va</u> <u>oublier</u> ce souvenir !

1. Fais maintenant la correction de ton poème. Lis une phrase à la fois en suivant ces étapes.

- Si tu as ponctué ton poème, assure-toi que la phrase est bien ponctuée.
- Vérifie si la phrase est compréhensible.
- Repère les groupes du nom et vérifie les accords.
- Vérifie également l'orthographe des pronoms personnels.
- Repère les verbes et assure-toi qu'ils sont bien accordés.
- Vérifie l'orthographe d'usage de tous les mots.

2. Transcris ton poème et illustre-le à ton goût. Range-le dans ton portfolio jusqu'à la fête des enfants.

3. Choisis trois mots de ton poème que tu as trouvés difficiles à orthographier. Vérifie-les dans ta liste orthographique ou dans un dictionnaire et transcris-les. Mémorise leur orthographe.

Orthographe d'usage

6. Les mots suivants sont groupés par familles. Compare les mots de chaque famille afin de trouver les ressemblances et les différences, puis mémorise leur orthographe.

admirer – admiration – admirable

bercer – berceau

bonheur – heureux – heureuse – heureusement

brusque – brusquement

doux – douce – douceur – doucement – adoucir

douleur – douloureux – douloureuse

jeune – jeunesse

malheur – malheureux – malheureuse – malheureusement

poème – poète – poésie

prudence – prudent – prudente – prudemment – imprudent – imprudente

rêve – rêver – rêveur – rêveuse

sage – sagesse – sagement

triste – tristesse – tristement – attristé – attristée

7. Place-toi avec un ou une camarade. Ensemble, faites un tableau semblable au suivant, puis complétez-le. Mémorisez l'orthographe de ces adjectifs.

Masculin singulier	Masculin pluriel	Féminin singulier	Féminin pluriel
Ex. : amusant	amusants	amusante	amusantes
		douce	
excité			
			fâchées
fatigué			
		fière	
	furieux		
gâté			
			grosses
	jaloux		
malheureux			

8. Observe et mémorise l'orthographe des mots invariables suivants.

ainsi, alors, assez, aujourd'hui, bientôt, dedans, dehors, dès que, hier, mais, parce que, pendant

ainsi
alors
aujourd'hui
assez
hier
dehors

Les souvenirs en fête

C'est jour de fête dans ta classe ! Ensemble, vous allez célébrer l'enfance en lisant des poèmes et en vous amusant.

1. Décide de l'organisation de la fête avec les élèves de ta classe.

2. Prépare-toi à participer à la fête.
- Décide du poème que tu vas lire : tu peux choisir celui que tu as composé ou un de ceux que tu as lus.
- Lis-le attentivement à quelques reprises. Trouve l'intonation qui rendra ton poème intéressant.

3. Que la fête commence !

Lis ton poème lentement pour que les autres puissent bien le saisir. Écoute attentivement les poèmes de tes camarades.

4. Discute de cette expérience avec les élèves de ta classe.
- As-tu aimé lire des poèmes ? Qu'est-ce que tu as préféré ? Explique ta réponse.
- As-tu aimé entendre les poèmes de tes camarades ? Y en a-t-il qui t'ont frappé particulièrement ? Explique pourquoi.
- Trouves-tu difficile d'écrire un poème ? Qu'est-ce qui pourrait te faciliter la tâche ?
- Quel genre de texte préfères-tu écrire : des histoires ? des textes informatifs ? des poèmes ? Explique ta réponse.

5. Fais ton bilan personnel en utilisant la fiche qu'on te remettra. Range ton bilan et ton poème dans ton portfolio.

6. Regarde les travaux que tu as déposés dans ton portfolio depuis le début de l'étape.
- Choisis deux travaux : celui qui t'a demandé le plus de travail et celui qui, selon toi, te représente le mieux.
- Présente ces travaux à ton équipe et explique ton choix.

Projet 5

La vie dans les mers

As-tu déjà vu la mer ? Cette grande étendue d'eau, parfois calme, parfois très agitée, abrite des milliers et des milliers d'espèces animales et végétales. Tu en découvriras quelques-unes au cours de ce projet.

Le but du projet

Avec ta classe, tu vas constituer une encyclopédie de quelques espèces qui peuplent les océans.

Les étapes à suivre

1. Tu vas faire le tour de ce que tu sais sur la vie dans les océans et des questions que tu te poses, puis tu vas choisir ton sujet de recherche.

2. Tu vas approfondir ta connaissance du monde de la mer et te rappeler comment trouver des informations dans un texte.

3. Avec ton équipe, tu vas entreprendre une recherche sur un animal ou une plante de la mer.

4. Tu vas rédiger un article pour l'encyclopédie de ta classe.

5. Avec ta classe, tu vas terminer l'encyclopédie, puis tu vas la déposer à la bibliothèque de l'école. Tu feras ensuite ton bilan du projet.

Tu vas apprendre à :

- exprimer clairement tes connaissances sur un sujet ;
- sélectionner des informations dans des textes ;
- planifier et organiser une recherche d'informations ;
- travailler en coopération ;
- rédiger un texte pour communiquer tes connaissances ;
- construire des énumérations ;
- comprendre la construction de la phrase déclarative ;
- écrire les verbes à l'indicatif présent et à l'impératif ;
- écrire les verbes à l'infinitif.

Première plongée en mer

Tu sais déjà beaucoup de choses sur les animaux et les plantes de la mer. Tu as peut-être vu des reportages à la télévision, feuilleté des encyclopédies ou navigué dans des sites Internet sur le sujet. Plonge dans ta mémoire pour ramener à la surface ce que tu sais de la vie marine.

1. Nomme des animaux et des végétaux qui vivent dans les océans.

2. Pour communiquer tes connaissances sur la vie marine, tu dois utiliser un vocabulaire précis, en particulier les mots que tu as appris dans tes cours de science et technologie. Au cours des discussions :
- prends le temps de chercher les mots précis ;
- au besoin, sers-toi de dessins, de schémas et de gestes pour illustrer tes idées ;
- pose des questions à tes camarades pour vérifier ce que tu as compris et pour bien comprendre leurs idées.

3. Place-toi en équipe avec un ou une camarade. Ensemble :
- choisissez un animal ou une plante de la mer que vous connaissez mieux que les autres ;
- dites tout ce que vous en savez. Parlez de :
  - ses caractéristiques physiques ;
  - son habitat ;
  - son alimentation (s'il s'agit d'un animal) ;
  - son mode de reproduction ;
  - son rôle dans l'environnement et son utilité pour les humains.

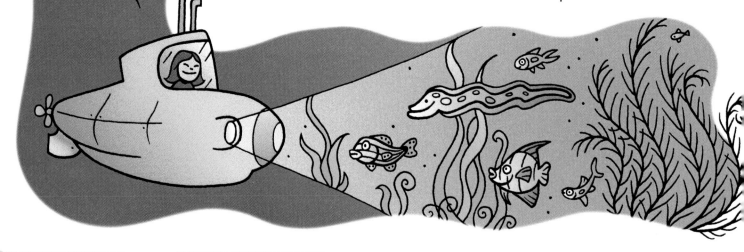

4. Jumelez-vous à une autre équipe pour poursuivre la discussion.

- Partagez vos connaissances sur les animaux et les plantes que vous avez choisis.
- Pour chaque animal ou chaque plante dont vous discutez, prenez des notes sur la fiche *Un être de la mer*.

5. Partage tes connaissances avec l'ensemble de la classe.

6. Choisis ton sujet de recherche.

Y a-t-il un animal ou une plante que tu aimerais connaître davantage ? Tu peux choisir :

- une plante ou un animal dont vous avez parlé en classe ;
- une plante ou un animal parmi les suivants : les algues, l'éponge, l'étoile de mer, la méduse, la pieuvre, le homard, le béluga ou le requin ;
- une plante ou un animal qui a un lien de parenté avec ceux de la liste précédente.

7. Forme une équipe avec des camarades qui s'intéressent au même sujet que toi. Servez-vous de la fiche *Un être vivant à découvrir* pour préciser le sujet de votre recherche.

- Notez votre sujet dans la partie A de la fiche.
- Dans la partie B, écrivez ce que vous en savez déjà.
- Ajoutez vos questions dans la partie C.

Voici quelques questions auxquelles vous pourriez répondre.

Quels sont les liens entre l'animal que vous avez choisi et son environnement ? De quoi se nourrit-il ? De quels animaux est-il la proie ? Est-il protégé par d'autres animaux ? En protège-t-il d'autres ?

Quels sont les liens entre la plante ou l'animal choisi et les humains ?

Quelles sont les ressemblances et les différences entre cet animal et d'autres qui lui sont apparentés ? Par exemple : entre le béluga et le dauphin ? entre l'étoile de mer et l'oursin ? entre la pieuvre et d'autres mollusques comme la moule, l'huître ou le calmar ? entre le requin et d'autres poissons ?

Des outils pour mieux plonger

Avant de plonger dans le vif du sujet, tu dois t'assurer d'avoir les outils indispensables à ta recherche : une curiosité à toute épreuve, des stratégies de lecture efficaces et quelques connaissances sur les êtres vivants. Prépare tes outils !

1. Les scientifiques s'inquiètent parce que certaines espèces animales sont de plus en plus contaminées. C'est le cas du béluga. Selon toi, pourquoi le béluga est-il contaminé ?

- Partage tes connaissances sur le béluga avec les élèves de ta classe.
- Formule une hypothèse en réponse à la question posée.

2. En lisant l'article d'encyclopédie qui suit, tu comprendras pourquoi le béluga est contaminé.

Le béluga: un animal contaminé

De nombreuses espèces d'animaux, de végétaux et de micro-organismes vivent dans l'estuaire du Saint-Laurent. Parmi celles-ci, il y a le béluga, qui est un mammifère marin. L'estuaire forme, en effet, un écosystème, c'est-à-dire un milieu où cohabitent une grande diversité d'êtres vivants.

Situé à la rencontre du fleuve Saint-Laurent et de l'océan Atlantique, l'estuaire constitue un milieu d'échange entre les eaux douces et les eaux salées. Cette combinaison favorise la prolifération des algues, qui sont nécessaires au développement des petits organismes, des poissons et des gros mammifères marins.

Dans un écosystème, les espèces sont continuellement en interaction. Lorsqu'une espèce est contaminée par des substances toxiques, elle transmet ces substances aux autres espèces qui s'en nourrissent. Prenons l'exemple de la crevette. Celle-ci mange des petits organismes contaminés; elle devient donc contaminée. Un petit poisson mange ensuite cette crevette contaminée, un gros poisson mange le petit poisson, encore plus contaminé que la crevette, etc. Cela signifie que chaque maillon de la chaîne est davantage contaminé que le précédent; on dit que la toxicité augmente en s'additionnant.

Au bout de la chaîne, il y a le béluga, qui se nourrit de crevettes, de calmars, de pieuvres, de vers et de poissons. Toute sa vie, ce mammifère emmagasine une forte concentration de contaminants comme des métaux lourds et des produits chimiques. Ces substances toxiques s'accumulent dans les graisses de l'animal, lui causent des maladies graves et sont transmises aux petits par le lait maternel.

C'est ce qui fait que le béluga est une espèce menacée.

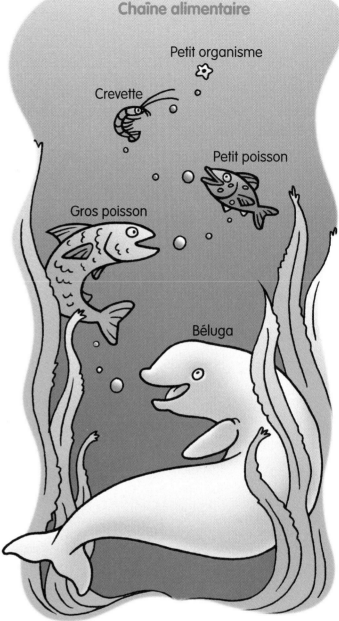

Chaîne alimentaire

Petit organisme

Crevette

Petit poisson

Gros poisson

Béluga

3. Retrouve ton équipe.

- Nommez un animateur ou une animatrice qui dirigera votre discussion.
- Déterminez qui sera votre porte-parole.
- Élaborez votre réponse à la question posée : pourquoi dit-on que le béluga est contaminé ?
- Dites si le texte vous a fourni une explication satisfaisante.

4. Si tu es porte-parole, communique l'explication de ton équipe aux élèves de la classe. Sinon, écoute attentivement les explications des porte-parole et assure-toi de bien les comprendre.

5. Reviens en équipe pour répondre aux questions ci-dessous. Changez d'animateur ou d'animatrice et de porte-parole.

    A De quoi se nourrit le béluga ?

    B Pourquoi trouve-t-on beaucoup d'algues dans l'estuaire du Saint-Laurent ?

    C Placez les animaux suivants en ordre croissant, soit du moins contaminé au plus contaminé : le béluga – un petit poisson – la crevette – un gros poisson.

6. Écoute bien les explications des porte-parole et discutes-en avec les élèves de ta classe.

- Les explications sont-elles exactes et complètes ?
- Comment avez-vous procédé pour trouver la réponse à chacune des questions ?

7. Parmi les questions auxquelles tu as répondu avec ton équipe, certaines sont plus difficiles que d'autres : elles exigent davantage de réflexion.

- La 1re question est la plus facile. Pour y répondre :
  - tu as dû repérer l'endroit où on parlait du béluga et de son alimentation ;
  - tu as ensuite trouvé la réponse que tu cherchais dans une seule phrase.

- La 2ᵉ question est un peu plus difficile. Pour y répondre :
  - tu as dû repérer l'endroit où on parlait des algues, soit dans le 2ᵉ paragraphe ;
  - tu as lu la 2ᵉ phrase de ce paragraphe. Elle répond à la question, mais l'information est incomplète : « Cette combinaison favorise la prolifération des algues, qui sont nécessaires au développement des petits organismes, des poissons et des gros mammifères marins. » ;
  - tu as donc dû lire la phrase précédente pour comprendre de quelle combinaison on parlait.

- La 3ᵉ question est plus difficile encore. Pour y répondre :
  - tu as dû chercher dans le texte les endroits où on parlait de la contamination de ces quatre animaux. Tu as trouvé des informations :
    - sur la crevette et certains poissons, dans le 3ᵉ paragraphe ;
    - sur le béluga, au début du 4ᵉ paragraphe ;
  - tu as dû faire un effort de réflexion puisque la réponse n'est pas telle quelle dans le texte. Il a fallu :
    - que tu fasses des liens entre plusieurs phrases ;
    - que tu raisonnes à partir des informations que tu as trouvées.

8. Observe la stratégie à la page 247 de ton manuel. Rappelle-toi les étapes à suivre quand tu dois sélectionner des informations dans un texte. Dans la stratégie, où placerais-tu les étapes décrites à l'activité 7 pour répondre aux questions ?

Deuxième plongée

Tu sais comment trouver des informations dans un texte et tu connais mieux l'univers de la mer. Tu peux maintenant te laisser guider par ta curiosité ! Utilise tes connaissances et tes stratégies pour bien mener ta recherche.

Tu vas :

Sélectionner des informations dans des textes

Planifier et organiser une recherche d'informations

Travailler en coopération

1. Retrouve ton équipe. Ensemble, planifiez votre recherche. Où pouvez-vous trouver les informations dont vous avez besoin ?

- Feuilletez les textes du recueil (p. 201 à 220).

- Consultez les suggestions de lectures à la page 252.

- Cherchez de la documentation :

  – trouvez des mots clés se rapportant à votre sujet. Ça peut être le nom de l'animal ou de la plante, ou encore des mots comme « animal marin », « plantes marines », « mer », etc. ;

  – consultez le fichier de la bibliothèque, des cédéroms et des sites Internet ;

  – regardez l'index et la table des matières d'encyclopédies et d'ouvrages documentaires pour trouver des textes qui portent sur votre sujet.

2. Répartissez-vous les textes à lire.

3. Lis les textes dont tu as la responsabilité, puis note dans tes mots les informations que tu y trouves.

- Note ces informations dans la partie B de la fiche *Un être vivant à découvrir*.
- Si tu trouves des réponses aux questions que vous vous posez, note-les dans la partie C.

4. Retrouve ton équipe. Ensemble, examinez les informations recueillies.

- Avez-vous assez d'informations sur chacun des aspects pour pouvoir donner des explications claires ? Sinon, quelles informations vous manque-t-il ?
- Y a-t-il des informations qui se répètent ? Conservez celles dont vous avez besoin.
- Y a-t-il des informations qui se complètent ? Regroupez-les ou utilisez un code pour vous rappeler qu'elles vont ensemble.
- Avez-vous trouvé des informations en réponse aux questions que vous vous posiez ? En avez-vous trouvé suffisamment pour répondre clairement à ces questions ? Sinon, quelles informations vous manque-t-il ?
- Déterminez où vous pourrez trouver les informations qu'il vous manque.

5. Faites le point sur votre travail.

- Êtes-vous satisfaits du travail accompli jusqu'à maintenant ? Qu'est-ce que vous souhaitez améliorer ?
- Est-ce que chaque membre de l'équipe assume bien ses responsabilités ? Sinon, comment pouvez-vous l'aider ?
- Est-ce que chaque membre de l'équipe écoute et respecte les idées des autres ?

Une récolte abondante

Au cours de tes lectures, tu as appris beaucoup de choses sur la vie dans la mer. Voici le moment de partager tes découvertes. Avec ton équipe, tu vas rédiger des articles pour l'encyclopédie de la classe.

Planification

1. Retrouve ton équipe pour planifier la rédaction des articles d'encyclopédie.

- Relisez vos notes de lecture pour avoir en tête toutes les informations sur votre sujet.
- Déterminez le sujet de chaque article.
- Pensez aux idées importantes à mettre dans chaque article.
- Décidez qui rédigera chaque article.

2. Fais un schéma de l'article que tu vas rédiger en t'inspirant de celui qui suit.

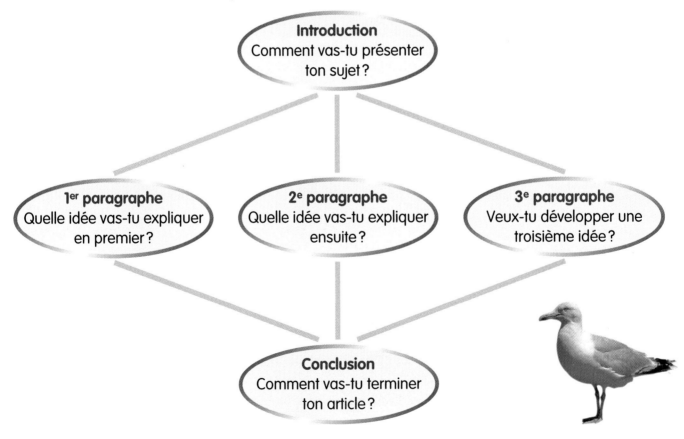

Introduction
Comment vas-tu présenter ton sujet?

1er paragraphe
Quelle idée vas-tu expliquer en premier?

2e paragraphe
Quelle idée vas-tu expliquer ensuite?

3e paragraphe
Veux-tu développer une troisième idée?

Conclusion
Comment vas-tu terminer ton article?

3. Consulte tes notes de lecture, puis décide des informations à placer dans chaque paragraphe. Mets des mots clés dans ton schéma pour te rappeler ce que tu veux écrire.

4. Soumets ton schéma aux membres de ton équipe pour vérifier s'il correspond bien à ce qui a été prévu.

Rédaction et révision

1. Rédige ton texte en suivant ton schéma.
- Avant de commencer à rédiger un paragraphe, pense à ce que tu veux écrire.
- Relis ce que tu as écrit pour mieux enchaîner la suite.
- Laisse de l'espace entre les lignes pour pouvoir retravailler ton texte.
- Si tu doutes du choix ou de l'orthographe d'un mot, note-le à mesure que tu écris.

2. Relis ton texte pour t'assurer que les informations sont claires et complètes.

3. Retrouve ton équipe. Ensemble, lisez chaque article en vous posant les questions suivantes.
- Le texte est-il clair ? Les lecteurs et lectrices de votre encyclopédie comprendront-ils bien les informations ?
- Le texte est-il bien structuré ?
- Les mots sont-ils précis ?
- Quelles améliorations suggérez-vous ?

4. Fais les modifications que tu juges nécessaires pour améliorer ton texte.

Correction

LES MOTS ET LES PHRASES

Syntaxe

Tu vas :

Construire
une énumération

1. Sais-tu ce qu'est une énumération ?
À partir des exemples ci-dessous, explique
à un ou une camarade ce que tu en sais.

- Qu'est-ce qu'on peut énumérer ?
- Comment écrit-on une énumération ?

A Les méduses mangent du plancton, des crevettes
et des petits poissons.

B L'étoile de mer peut être rouge, pourpre, orange, brune ou verte.

C Les phoques, les otaries, les dauphins et certains requins
constituent des proies de choix pour d'autres requins.

2. Partagez vos connaissances avec les autres équipes.

Utilise
ton cahier
au besoin.

3. Voici deux autres énumérations.

A Les substances toxiques s'accumulent dans les graisses du béluga, lui causent des maladies graves et sont transmises aux petits par le lait maternel.

B Au bout d'environ cinq semaines, les larves de homards gagnent le fond de la mer, continuent leur croissance et prennent peu à peu leur forme caractéristique.

- Qu'est-ce qui est énuméré ?
- Comment l'énumération est-elle construite ?

4. Voici un tableau qui présente quelques caractéristiques des algues et des plantes à graines. Avec un ou une camarade, fais des phrases dans lesquelles il y aura des énumérations. Utilisez des éléments de ce tableau. Faites attention à la ponctuation.

	Les algues	Les plantes à graines
Espèces	– la laminaire – le varech – la laitue de mer – la mousse d'Irlande	– la marguerite – la rose – le concombre – la pomme de terre
Couleurs	– rouge – verte – brune – dorée	– jaune – rose – blanche – rouge – violette
Utilité	– abritent d'autres espèces – servent de nourriture – entrent dans la fabrication des cosmétiques	– servent à l'alimentation – entrent dans la fabrication des médicaments – décorent les maisons

Tu vas :

Comprendre la construction de la phrase déclarative

5. Qu'est-ce qui manque aux phrases suivantes pour qu'elles soient bien construites ?

A Le béluga du Saint-Laurent.

B Se retrouve sur la table des amateurs de fruits de mer.

C Si les requins se sentent en danger.

6. Transcris les phrases suivantes. Dans chaque phrase, souligne le groupe sujet en rouge et le groupe du verbe en vert.

A Les pieuvres sont carnivores.

B Les éponges vivent bien attachées aux rochers, aux coquillages ou aux algues.

C Les tentacules de la méduse brûlent la peau des baigneurs.

D Les pêcheurs des provinces de l'Atlantique attrapent beaucoup de homards.

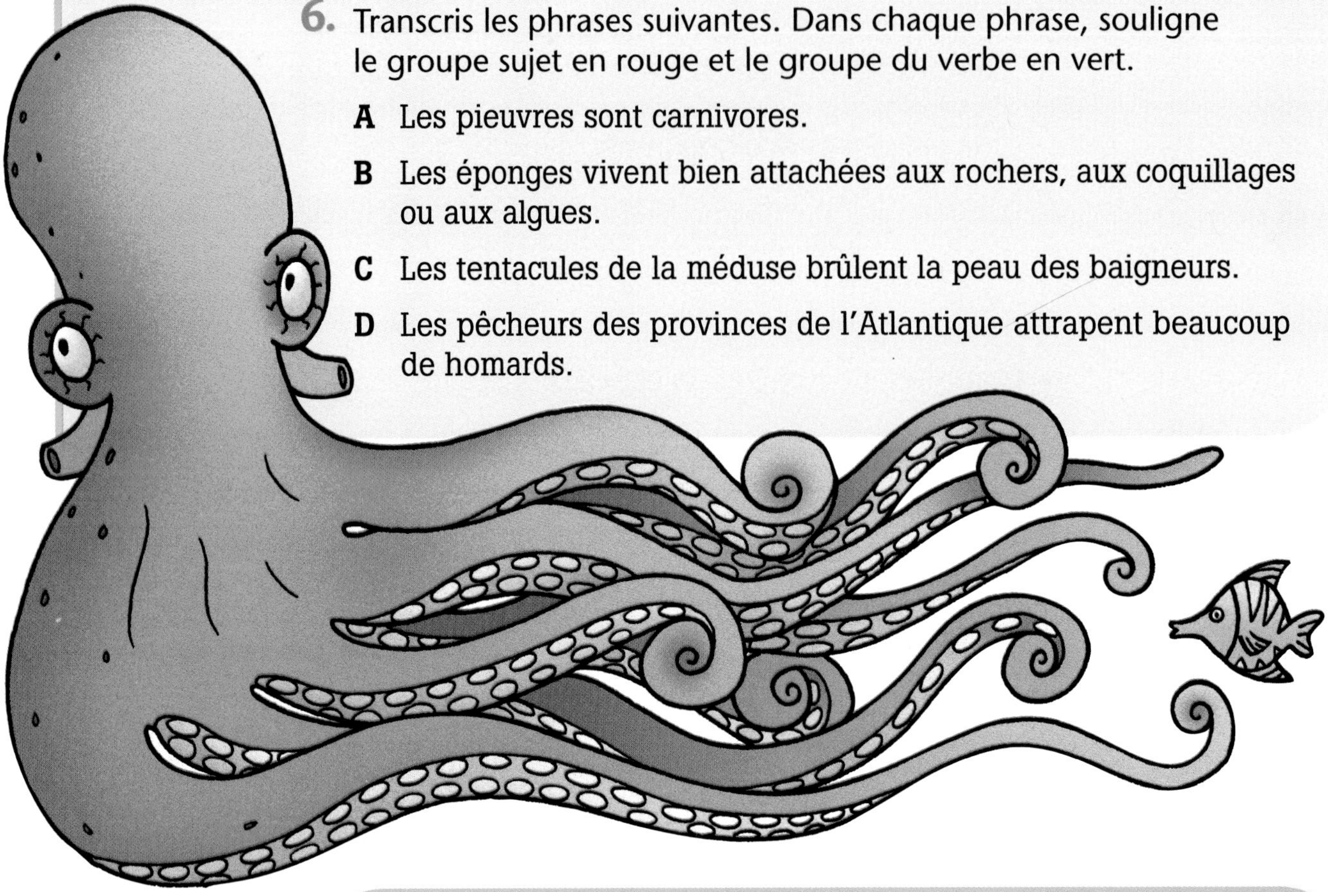

L'ORTHOGRAPHE

Orthographe grammaticale

Utilise ton cahier au besoin.

Tu vas :

Écrire les verbes à l'indicatif présent et à l'impératif

1. Vérifie tes connaissances sur la conjugaison des verbes. Forme une équipe avec un ou une camarade. Expliquez l'accord des verbes soulignés dans le dialogue ci-dessous.

— Regarde ! Il y a une petite bosse et un trou dans le sable, dit Antonin.

— Penses-tu qu'il y a quelque chose dessous ? lui demande Mylène.

— Creuse un peu dans le sable, on verra bien.

— Un beau coquillage ! s'écrie Mylène au bout d'un moment. Crois-tu qu'il est encore vivant ?

— Dépose-le ici, sur la roche. On va l'examiner. Fais attention, c'est peut-être fragile.

2. Partagez vos observations avec les élèves de la classe.

3. Rappelle-toi :

- le verbe à l'indicatif présent, à la 2e personne du singulier (avec le pronom sujet « tu »), se termine :

 – par « es » si c'est un verbe en « er » ;

 – par « s » si c'est un autre verbe ;

 – par « x » dans le cas de « tu peux » et de « tu veux ».

- le verbe à l'impératif présent, à la 2e personne du singulier, se termine :

 – par « e » si c'est un verbe en « er » ;

 – par « s » si c'est un autre verbe.

Tu vas :

Écrire le verbe à l'infinitif

4. Retrouve ton ou ta camarade. Ensemble :

- repérez les verbes à l'infinitif dans les phrases suivantes ;
- formulez une ou deux hypothèses pour expliquer quand le verbe s'écrit à l'infinitif.

A On devrait manger du poisson régulièrement pour rester en santé.

B Depuis longtemps, les humains ont appris à exploiter les ressources de la mer.

C Dans le parc Forillon, en Gaspésie, les oursins verts peuvent brouter de grandes étendues d'algues brunes.

D L'humain pêche les oursins, une espèce d'échinodermes comme l'étoile de mer, pour s'alimenter.

E La pieuvre peut se comprimer et se cacher dans de petits espaces pour se protéger de ses prédateurs.

5. Communiquez vos hypothèses aux élèves de la classe.

   • Parmi les hypothèses énoncées, lesquelles vous semblent exactes ?

   • Vérifiez vos hypothèses en cherchant des verbes à l'infinitif dans les textes du recueil.

6. Le verbe s'écrit à l'infinitif dans les cas suivants :

   • lorsqu'il suit une préposition comme « à », « de », « pour », « par », « sans », etc. ;

   Ex. : L'humain pêche les oursins <u>pour</u> **se nourrir**.

   • lorsqu'il suit un autre verbe.

   Ex. : On <u>devrait</u> **manger** du poisson régulièrement.

7. Discute du cas suivant avec tes camarades.

   Doit-on écrire « Simon a *pêché* des éperlans » ou « Simon a *pêcher* des éperlans » ?

8. Dans cet exemple, le verbe « pêcher » se termine par le son [é]. Il est alors difficile de savoir si on doit écrire « pêcher » ou « pêché ». C'est le cas de tous les verbes en « er ». Voici deux moyens qui peuvent t'aider.

- Tu regardes où se trouve le verbe « pêcher » dans la phrase.

  – S'il est placé après l'auxiliaire « être » ou « avoir », tu dois écrire « pêché ». Il s'agit alors du participe passé d'un verbe conjugué à un temps composé.

    Ex. : Simon <u>a</u> pêch**é** des éperlans.

  – S'il est placé après un autre verbe, tu dois écrire « pêcher ». Il s'agit alors du verbe à l'infinitif.

    Ex. : Simon <u>veut</u> pêch**er** des éperlans.

- Tu fais un test : tu remplaces ce verbe par un autre verbe qui ne se termine pas par « er » à l'infinitif, le verbe « prendre », par exemple.

  – Si le verbe de remplacement est au participe, tu écris ton verbe au participe.

    pris

    Ex. : Simon a pêch**é** des éperlans.

  – Si le verbe de remplacement est à l'infinitif, tu écris ton verbe à l'infinitif.

    prendre

    Ex. : Simon veut pêch**er** des éperlans.

9. Utilise ces moyens pour orthographier correctement les verbes dans les phrases suivantes.

  A Monsieur Vigneault a (trouver - trouvé) un homard énorme dans une cage.

  B Christina aimerait (goûter – goûté) un nouveau poisson.

  C Les scientifiques devront (examiner - examiné) d'autres bélugas pour (évaluer - évalué) l'état de santé de l'espèce.

1. Retrouve ton équipe. Ensemble, relevez les erreurs dans vos textes en vous répartissant les responsabilités. Chaque membre de l'équipe est responsable d'un aspect à corriger et doit vérifier tous les textes de son équipe.

- Un ou une responsable de la syntaxe et de la ponctuation.
  À surveiller :
  - la majuscule au début de la phrase et le point à la fin ;
  - la clarté de la phrase ;
  - la présence d'un groupe sujet et d'un groupe du verbe ;
  - la ponctuation des énumérations, s'il y en a.

- Un ou une responsable des accords dans les groupes du nom.
  À surveiller :
  - les marques du pluriel des noms ;
  - l'accord du déterminant avec le nom ;
  - l'accord de l'adjectif ou des adjectifs avec le nom.

- Un ou une responsable de l'accord des verbes.
  À surveiller :
  - l'accord du verbe avec le sujet ; attention aux verbes séparés du sujet par d'autres mots ;
  - l'orthographe des verbes à l'impératif ;
  - l'orthographe des verbes à l'infinitif.

- Un ou une responsable de l'orthographe d'usage.

2. Reprends ton texte et corrige les erreurs qui ont été relevées. Si tu as besoin d'explications, consulte l'élève qui a détecté l'erreur.

3. Repère dans ton texte trois mots que tu as eu de la difficulté à orthographier et retrouve ton équipe. Ensemble, donnez-vous des moyens de retenir l'orthographe de tous les mots qui ont été relevés.

4. En équipe, décidez comment vous allez présenter vos articles dans l'encyclopédie de la classe.

- Donnerez-vous un titre à votre section de l'encyclopédie ?
- Le titre de chaque article annonce-t-il bien le sujet ?
- Comment allez-vous disposer vos articles ?
- Allez-vous transcrire vos articles à la main ou à l'aide d'un logiciel de traitement de texte ?
- Quelles illustrations allez-vous ajouter ?

5. Transcris ton article en respectant les décisions prises en équipe.

Orthographe d'usage

10. Les mots suivants ne changent jamais d'orthographe : ce sont des mots invariables. Observe-les attentivement et mémorise leur orthographe.

à côté, à droite, à gauche, au milieu, autour, derrière, devant, en bas, en haut, entre, là, là–bas, près, sous

11. Les mots qui suivent contiennent tous le son [euil]. Mais **attention !** Ce son ne s'écrit pas toujours de la même façon. Classe ces mots en tenant compte de la manière d'écrire le son [euil].

accueil, accueillir, chevreuil, cueillir, deuil, écureuil, fauteuil, feuillage, feuille, recueil

12. Place-toi en équipe pour faire le travail qui suit. Un mot de chaque série comporte une différence orthographique par rapport aux autres mots. Trouvez l'intrus, puis mémorisez l'orthographe de ces mots.

drap – trop – prix – loup – coup

coin – soin – lion – foin – loin

pois – choix – voix – noix – croix

Une encyclopédie fabuleuse

Tu as sûrement fait des découvertes surprenantes sur la vie dans les océans. Dans un moment, tu pourras les diffuser dans toute l'école. Tu as aussi appris à mener une recherche à terme. Cela te servira toute ta vie.

1. Discute avec les élèves de ta classe de l'organisation de l'encyclopédie.

- Quelles seront les sections de votre encyclopédie ?
- Quels articles y aura-t-il dans chaque section ?
- Quel titre donnerez-vous à votre encyclopédie ?
- Ferez-vous une table des matières ?

2. Offrez votre encyclopédie à la personne responsable de la bibliothèque.

- Expliquez-lui comment vous avez élaboré votre encyclopédie.
- Faites-lui des suggestions d'ouvrages pour la bibliothèque.

3. Retrouve ton équipe. Ensemble, faites le bilan de votre travail de coopération en vous servant de la fiche *Évaluation de la capacité à coopérer*.

4. Poursuis ton bilan avec les élèves de ta classe.

- As-tu trouvé cette recherche intéressante ? difficile ? instructive ? Explique ta réaction.
- Qu'est-ce que tu as appris de plus important au cours de ce projet ?
- As-tu plus de facilité à lire des textes documentaires ? à écrire un texte informatif ? Explique les progrès que tu as faits.

5. Fais ton bilan personnel dans ton journal de bord. Réponds aux questions de la fiche qu'on te remettra.

Projet 6

Tisser des liens

Toute notre vie, nous côtoyons une foule de personnes, d'animaux et d'objets. Pourtant, il y en a seulement certains auxquels nous nous attachons vraiment, avec lesquels nous tissons des liens serrés.

Le but du projet

Tu vas offrir une histoire de cœur à une ou plusieurs personnes de ton école.

Les étapes à suivre

1. Tu vas prendre conscience des liens que tu as tissés jusqu'à maintenant avec des êtres ou des objets de ton entourage.

2. Avec les élèves de ta classe, tu vas découvrir un conte touchant : l'histoire d'un vieillard et d'un petit grillon.

3. Tu vas lire une autre histoire et la présenter à des camarades.

4. À ton tour, tu vas écrire une histoire : celle d'un lien d'affection avec une personne, un animal ou un objet.

5. Tu vas offrir ton histoire, puis tu vas faire le bilan du projet.

Tu vas apprendre à :

- exprimer et expliquer tes sentiments ;
- exercer ton jugement critique ;
- dégager la structure d'un conte ;
- faire preuve de créativité ;
- structurer un récit ;
- établir des liens dans un texte ;
- construire des phrases négatives ;
- consulter un tableau de conjugaison ;
- reconnaître le subjonctif présent ;
- accorder des verbes.

Mon univers

Notre vie est faite de liens que l'on tisse et que l'on entretient. Y a-t-il une personne, un animal ou un objet que tu aimes plus que tout au monde ?

1. Pense aux personnes, aux animaux et aux objets qui comptent beaucoup pour toi.

- Fais un dessin ou un schéma dans lequel tu vas intégrer ces êtres ou ces objets.

- Trace les liens entre toi et les êtres ou les objets que tu as dessinés : tu peux écrire ou dessiner ce qui t'unit à eux.

 2. Montre ton dessin ou ton schéma à un ou une camarade de ton choix. Explique-lui les liens qui t'unissent aux personnes, aux animaux ou aux objets que tu as dessinés.

- Trouve des mots pour bien exprimer ce que tu ressens envers ces êtres ou ces objets.

- Explique d'où vient cet attachement.

- Écoute avec respect les explications de ton ou ta camarade. Au besoin, pose-lui des questions pour bien comprendre ses sentiments.

3. À la lumière de cette discussion, complète ton dessin ou ton schéma, puis range-le dans ton portfolio.

4. Partage avec les élèves de ta classe les découvertes que tu as faites au cours des activités qui précèdent.

- Est-ce que ces activités t'ont permis de mieux connaître les êtres ou les objets qui comptent pour toi ?

- As-tu trouvé difficile de parler de ce sujet ? Est-ce que le fait d'en parler t'a permis de mieux te connaître ?

 Depuis le début de l'année scolaire, as-tu fait des découvertes grâce à la boîte aux questions ? Quelles sont les plus marquantes ? Quelle démarche as-tu suivie pour trouver des réponses à tes questions ? As-tu trouvé cette démarche efficace ? difficile ?

 Les histoires d'amitié et d'amour te passionnent ? Choisis-en une parmi les suggestions qui te sont faites à la page 253 de ton manuel.

Une chaîne d'amitié

Tu vas :

Exercer ton jugement critique

Dégager la structure d'un conte

Certaines histoires sont très touchantes parce qu'elles racontent les sentiments qui unissent les personnages. Ces récits nous parlent un peu de nous, de ce que nous vivons. C'est le cas du conte *Sans abri*. Lorsqu'une vieille maison est démolie, que peut-il arriver à ses habitants ?

1. Survole le conte *Sans abri*.

- Quelles images et quels sentiments le titre et les illustrations éveillent-ils en toi ?
- Selon toi, qu'est-ce qui va se passer dans cette histoire ?

Sans abri

La vieille maison est démolie
pour faire quelque chose de plus joli.
Mais le vieux monsieur qui habitait dedans,
se retrouve sans abri,
et le petit grillon qui chantait dans le mur
pour lui tenir compagnie, aussi.

Le vieux monsieur est triste,
mais le petit grillon l'est mille fois plus que lui.
Il se lamente devant les ruines de la maison :
— Maintenant, qui me protégera
de la taupe et de la souris qui ont tant d'appétit ?

Alors, le vieux monsieur a pitié de lui.
Il déplie son mouchoir à carreaux,
il le noue pour en faire un petit sac,
il y verse du sable et il dépose le grillon dedans.
Puis il coud le mouchoir.
Il en fait une poupée de sable,
avec deux bras et deux jambes,
et deux couettes au-dessus de la tête.
Puis il prend la poupée dans ses bras
et il dit au grillon caché à l'intérieur :
— Dans la poupée, tu n'as plus rien à craindre.
La taupe et la souris ne viendront pas te chercher ici.
Mais la poupée répond :

— Je protégerai le grillon. Mais moi, qui me protégera ?
Ce n'est pas un vieux monsieur comme toi
qui peut s'occuper de moi.

Alors le vieux monsieur va dans la rue
et il confie la poupée à une petite fille
qui lui tend la main tous les matins
pour avoir un peu de pain
quand il revient du marché.
Et il dit à la poupée
avant de la quitter :
— Dans les bras de cette petite fille,
tu n'as plus rien à craindre.
Elle saura mieux que moi
s'occuper de toi.
Mais la petite fille répond :
— Je protégerai la poupée.
Mais moi, qui me protégera ?
Je n'ai ni maman, ni papa,
ni toit pour m'abriter.

Alors le vieux monsieur
prend la main de la petite fille,
il la conduit dans le bois,
et il la confie à un ogre gentil
qui est un de ses amis.
Il lui demande de mettre la petite fille sous sa chemise
et de jurer de ne pas la dévorer.
Une fois que l'ogre l'a bien cachée,
le vieux monsieur dit à la petite fille
à travers la chemise qui bâille un peu :
— Sur le ventre chaud de l'ogre,
tu n'as plus rien à craindre.
Il te soignera comme une mère
et il te défendra comme un père.
Mais l'ogre répond :
— Je protégerai la petite fille.
Mais moi, qui me protégera
des chasseurs, de leurs chiens,
de leurs pièges
et de leurs fusils ?

Alors le vieux monsieur attend la tombée
de la nuit.
Il ramène l'ogre dans la ville
sans faire de bruit.
Il le cache dans la chambre
d'une maison inoccupée et il dit,
après avoir servi un peu de thé :
— Dans cette maison abandonnée,
tu n'as plus rien à craindre.
Les hommes ne viendront pas
te chasser à deux pas de chez eux.
Mais la maison répond :
— Je protégerai l'ogre.
Mais moi, qui me protégera
des fantômes et des araignées,
des insectes et des courants d'air
qui n'arrêtent pas de me hanter
depuis que je suis abandonnée ?

Alors le vieux monsieur se gratte la tête.
Il visite toutes les pièces de la maison.
Il fait le tour du jardin
en se frottant le menton
et en se disant : « Voyons, voyons ! »
Puis il s'assoit
dans un fauteuil d'osier troué et il dit :
— Moi, je te protégerai !
Tu n'as plus rien à craindre.
Je ferai le ménage de la cave au grenier,
je ferai du bon feu dans la cheminée
pour tout réchauffer.
Et le vieux monsieur fait ce qu'il dit,
et bientôt, la maison
est à nouveau habitée.
Mais le soir, quand il entre dans son lit,
le vieux monsieur sent un poids
au fond de lui. Il dit :
— Et moi, qui me protégera du lourd silence
de la nuit,
du cafard et des insomnies
qui habitent mes vieux jours ?

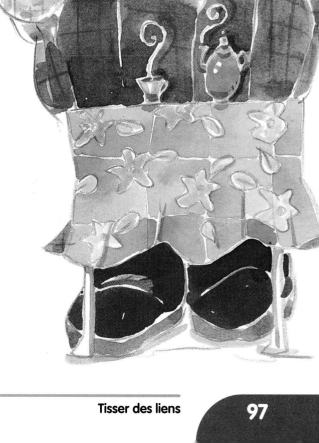

C'est alors que le petit grillon
que le vieux monsieur avait caché
dans la poupée se met à chanter :
— Moi, je te protégerai de mon chant aigrelet
comme une petite lampe de chevet.

Et c'est ainsi que le grillon veille sur le vieux monsieur,
que le vieux monsieur veille sur la maison,
que la maison veille sur l'ogre,
que l'ogre veille sur la petite fille,
que la petite fille veille sur la poupée,
que la poupée veille sur le grillon,
tous les jours, toutes les nuits,
jusqu'à ce que la maison soit à son tour,
peut-être un jour, démolie
pour faire quelque chose de plus joli.

Philippe DORIN
Les meilleurs contes de Pomme d'Api, Paris,
Bayard Éditions, collection Pomme d'Api,
1993.

2. Discute avec tes camarades.
- L'histoire se déroule-t-elle comme tu l'avais prévu ?
- Qu'est-ce que tu penses de ce conte ? L'as-tu aimé ?
  Explique ta réaction.
- Trouve des passages du récit qui illustrent ta réaction.
- Quel est le thème ou quels sont les thèmes de cette histoire :
  de quoi parle-t-elle ?

3. Au cours de cette discussion, vous avez exprimé, tes camarades
et toi, différentes raisons qui font qu'on aime ou qu'on n'aime
pas un récit. Ces raisons sont des critères d'appréciation d'un
récit. En voici quelques-uns :
- l'intérêt du sujet ;
- l'originalité de l'histoire ;
- les images, qui peuvent être touchantes, poétiques, etc. ;
- les sentiments des personnages ;
- le style de l'histoire ou la manière dont elle est écrite ;
- la beauté des illustrations, etc.
Quels critères avez-vous trouvés en classe ?

4. Écris ce que tu penses du conte *Sans abri* dans ton journal de bord. Sers-toi des critères d'appréciation dont vous avez discuté en classe.

5. Forme une équipe avec deux autres élèves.
- Faites un dessin ou un schéma qui illustre les liens entre les personnages, les animaux et les objets de ce conte.
- Expliquez ces liens.
- Discutez de votre dessin et de vos explications avec les élèves de la classe.

6. Toujours en équipe, relisez le paragraphe que votre enseignante ou votre enseignant vous a assigné. Écrivez une ou deux phrases qui racontent l'essentiel de ce paragraphe.

7. Discute avec les élèves de ta classe. Où placerais-tu le passage que ton équipe vient de résumer dans ce schéma ?

La situation de départ	L'événement déclencheur (le problème qui fait démarrer l'histoire)	Les aventures	Le dénouement	La situation finale

Créer des liens

Que signifie « apprivoiser », demande le petit prince. Et le renard de lui expliquer... Lis cette très belle histoire ou une autre, tout aussi émouvante. Tu découvriras ce que veut dire « apprivoiser ».

1. Survole les contes du recueil à la page 221 de ton manuel.
- Observe les titres et les illustrations.
- Lis le premier paragraphe des contes qui t'attirent le plus.
- Choisis un conte.
- Fais des prédictions sur l'histoire en t'appuyant sur le titre, les illustrations et le premier paragraphe.

2. Lis le conte que tu as choisi.

3. Prépare-toi à discuter du conte que tu as lu en remplissant la fiche *Créer des liens*.

4. Forme une équipe avec deux élèves qui ont choisi des contes différents. À tour de rôle :
- racontez l'histoire que vous avez lue ;
- présentez votre dessin ou schéma, puis expliquez-le ;
- expliquez ce que vous avez aimé ou moins aimé dans ce conte.

5. Dans ton carnet de lectures, note des extraits, des expressions ou des mots que tu as particulièrement aimés dans le conte que tu as choisi.

Coup de cœur

Il y a sûrement une personne, un animal ou un objet que tu as apprivoisé un jour ou qui t'a apprivoisé. Raconte l'histoire de cette amitié ou de cet attachement. En offrant cette histoire à une ou des personnes de ton école, tu créeras peut-être un nouveau lien.

Planification

1. Trouve le sujet de ton texte. Tu peux raconter une histoire qui t'est arrivée réellement ou en imaginer une avec une personne, un animal ou un objet que tu as apprivoisé.

2. Est-ce que tu vas raconter ton histoire telle qu'elle s'est réellement passée ou si tu vas la transformer ? Tu pourrais :
- changer le nom des personnages ou ajouter des personnages ;
- situer ton histoire dans un lieu imaginaire ;
- ajouter des détails fantaisistes sur le lieu, les personnages, le moment de la journée ou de l'année, etc.

3. Raconte ton histoire à un ou une camarade pour t'aider à trouver des idées ou pour préciser celles que tu as en tête.

Précise le déroulement de ton histoire en t'inspirant du schéma ci-dessous.

La situation de départ	L'événement déclencheur	Les aventures	La conclusion (dénouement et situation finale)
Quels sont les personnages de ton histoire? Où et quand se passe-t-elle?	Quel événement ou quel problème fait démarrer l'histoire?	Que fait le personnage principal pour résoudre son problème?	Comment l'histoire se termine-t-elle?

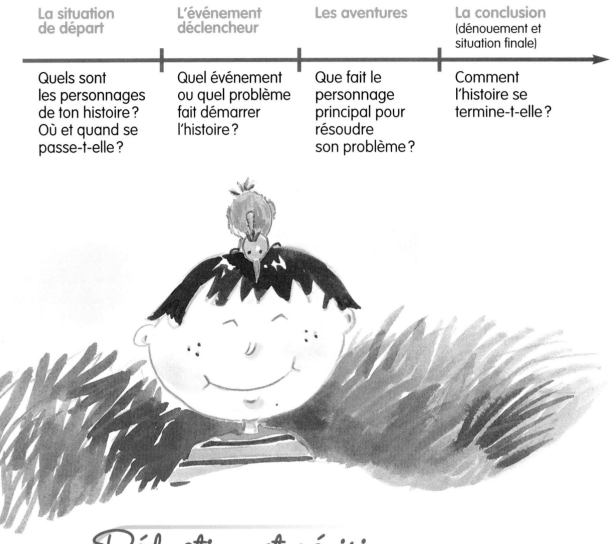

Rédaction et révision

1. Écris ton histoire au brouillon.
   - Laisse assez d'espace pour pouvoir retravailler ton texte.
   - Fais un paragraphe pour chaque partie de l'histoire.
   - S'il y a des parties de ton texte que tu veux retravailler ou si tu doutes de l'orthographe d'un mot, indique-le à mesure que tu écris.

2. Lis ton histoire à l'élève à qui tu l'as racontée.
   - Le texte contient-il tout ce que tu voulais y mettre?
   - Est-ce qu'on comprend bien le déroulement de l'histoire?
   - Le texte est-il bien structuré?
   - Les sentiments des personnages sont-ils exprimés clairement?

Syntaxe

Utilise
ton cahier
au besoin.

1. Observe le texte ci-dessous. Quels indices t'aident à suivre le déroulement des événements?

Cigalou est bien triste. Depuis plusieurs jours, il a perdu Frimousse, sa petite chatte adorée. Un soir, au moment de se mettre au lit, le garçon entend des bruits étranges derrière la maison. Il se met aussitôt à frissonner; il n'ose pas sortir de sa chambre tant il a peur de la noirceur. Un doute hante son esprit: « Si c'était Frimousse... », se répète-t-il sans cesse. Mais la peur le fige sur place.

C'est alors qu'une idée géniale traverse son esprit: « Si j'ouvrais la fenêtre, je pourrais peut-être voir ce qui se passe sans être aperçu », se dit-il.

Il ouvre alors délicatement la fenêtre, en évitant de faire du bruit, puis il scrute la cour arrière. Deux ombres grises courent, bondissent, se rapprochent et s'éloignent l'une de l'autre. Cigalou reconnaît Frimousse à son miaulement frêle, mais avec qui est-elle?

2. Voici des indices qui peuvent t'aider à comprendre le déroulement des événements dans un récit :

- les événements sont généralement placés en ordre chronologique ;
- le temps des verbes peut parfois aider à suivre le fil des événements ;
- certains mots et certaines expressions situent les événements dans le temps. En voici quelques-uns, tirés du récit que tu viens de lire :

  depuis plusieurs jours, un soir, au moment de, aussitôt, c'est alors que, alors, puis

3. Repère ces mots dans le texte, puis explique ce qu'ils veulent dire.

- Connais-tu d'autres mots ou expressions qui peuvent situer dans le temps les événements d'un récit ? Tu en trouveras sûrement en observant des récits du recueil.

3. Lorsque tu écris une histoire, tu dois bien situer les événements dans le temps. Relis ton histoire avec ton ou ta camarade.

- Regardez si le texte contient des mots ou des expressions qui situent les événements dans le temps.
- Ajoutez-en là où cela vous semble nécessaire.

4. Y a-t-il des passages de ton texte que tu veux améliorer ?

- Consulte *Mes outils pour écrire* pour t'aider.
- Trouve aussi dans ton carnet de lectures des mots et des expressions que tu pourrais utiliser.

Correction

Tu vas :

Construire des phrases négatives

4. Te rappelles-tu comment on construit des phrases négatives ?
Trouve les mots qui marquent la négation dans les phrases suivantes.

A L'ogre n'abandonnera jamais la petite fille.

B Protégé par la poupée, le grillon n'a rien à craindre.

C La petite fille doit mendier : elle n'a personne pour prendre soin d'elle.

D Dans leur nouvelle maison, l'ogre et le grillon ne sont plus tristes.

5. Transforme ces phrases en phrases négatives.

A Le grillon est inquiet.

B La taupe et la souris viendront chercher le grillon dans sa vieille maison.

C La vieille maison a peur des fantômes et des courants d'air.

1. Relis ton texte en suivant les indications ci-dessous.

- Observe chaque phrase et vérifie si elle est bien ponctuée.
- Vérifie si chaque phrase est bien structurée. Si tu as employé des phrases négatives, assure-toi d'avoir mis les deux termes de la négation.

L'ORTHOGRAPHE

Orthographe grammaticale

Tu vas:

Consulter
un tableau
de conjugaison

Utilise
ton cahier
au besoin.

1. Comment écrirais-tu le verbe dans la phrase suivante?

Le vieux monsieur (déplira ou dépliera) son mouchoir.

- Vérifie ta réponse dans un tableau de conjugaison.
- Explique comment tu t'y prends pour consulter un tableau de conjugaison.

2. Ta stratégie ressemble-t-elle à celle qui suit?

Pour consulter un tableau de conjugaison

1° Je mets à l'infinitif le verbe que je cherche. Pour cela, je place «il faut», «je veux» ou «je dois» devant ce verbe.

Ex.: Je veux **déplier**: «il dépli?ra» est le verbe «déplier».

2° Je consulte la liste alphabétique de mes tableaux de conjugaison. Je trouve sur quel verbe modèle se conjugue le verbe que je cherche.

Ex.: Le verbe «déplier» se conjugue comme le verbe «crier».

3° Je vais à la page où le verbe modèle est conjugué.

4° Je me demande à quel temps et à quelle personne je veux employer ce verbe.

Ex.: «Il dépli?ra» est au futur simple, à la 3e personne du singulier.

5° Je cherche le temps et la personne dans le tableau de conjugaison du verbe modèle.

Ex.: Je trouve: «il criera»; j'écris donc: «il dépliera».

3. Parmi les verbes entre parenthèses, trouve celui qui convient. Consulte un tableau de conjugaison pour vérifier tes réponses.

A À l'avenir, le grillon ne (pleura – pleurera – pleurra) plus.

B Les enfants (joueront – jouront – jourront) dans la vieille maison abandonnée.

C Si je (verrais – voirais – voyais) plus souvent mes amis, je (pourrais – pourais – pourait) créer des liens solides.

Tu vas :

Reconnaître
le subjonctif
présent

4. Devrais-tu écrire : « Il faut que tu sois généreux avec tes amis » ou « Il faut que tu es généreux avec tes amis » ? Discutes-en avec les élèves de la classe.

5. Bien sûr, tu dois écrire : « Il faut que tu sois généreux avec tes amis ».

- « Sois » est le verbe « être » au subjonctif. Repère-le dans un tableau de conjugaison.
- Trouve le subjonctif des verbes entre parenthèses dans des tableaux de conjugaison.

A Il faut que tu (venir) avec moi à la maison.

B Il faut que les enfants (faire) du sport régulièrement.

C Il faut que Pedro (écrire) un courriel à sa correspondante.

Tu vas :

Accorder
des verbes

6. Écris les verbes entre parenthèses au présent de l'indicatif, puis accorde-les. Montre ensuite tes réponses à ton ou ta camarade et explique-lui comment tu as fait l'accord des verbes.

A Les amis du vieux monsieur (chercher) un abri.

B Les enfants du monde entier (ressentir) le besoin d'être protégés, mais plusieurs (souffrir) de solitude.

C Le vieux monsieur sans maison (veiller) sur ses amis parce qu'il les (aimer) beaucoup.

D L'auteur de ces romans (écrire) aussi des lettres à ses lecteurs et les (envoyer) par courrier électronique.

2. Poursuis la correction de ton texte. Vérifie :
- les accords dans les groupes du nom ;
- l'orthographe des pronoms ;
- l'accord des verbes ;
- l'orthographe d'usage de tous les mots.

3. Échange ton texte avec celui de ton ou ta camarade.
- Vérifie l'orthographe de son texte. Souligne les erreurs qui restent, mais sans les corriger.
- Demande à ton ou ta camarade de corriger son texte. Au besoin, donne-lui des explications.
- Trouvez, dans vos deux textes, six mots difficiles à orthographier. Observez l'orthographe de chaque mot en utilisant la stratégie que vous connaissez. Transcrivez ces mots dans votre cahier.

4. Pense à ce que tu veux faire de ton texte. À qui veux-tu l'offrir : à un ou une élève que tu aimes bien ? à un groupe d'élèves ? à une enseignante ou un enseignant ?

5. Transcris ton texte au propre. Tu peux le présenter sous la forme d'un petit livre ou autrement, selon ta fantaisie. Ajoute des illustrations.

Orthographe d'usage

7. Voici quelques mots invariables : observe-les attentivement, puis mémorise leur orthographe.

à peu près, aussi, autant, déjà, depuis, enfin, ensuite, environ, peut-être, puis, soudain, souvent, surtout

8. Les mots suivants contiennent tous le son [ail]. Transcris ces mots et souligne les lettres qui forment le son [ail].

Ex. : bét<u>ail</u>, bat<u>aille</u>, bat<u>ail</u>leur

ailleurs, batailler, caillou, chandail, détail, paille, travail, travailler

9. Le son [eil] ressemble au son [ail] ; tu ne dois pas les confondre. Transcris les mots suivants et souligne les lettres qui forment le son [eil].

bouteille, conseil, conseiller, corbeille, corneille, meilleur, meilleure, oreille, oreiller, orteil, pareil, pareille, réveiller, vieillard, vieille

10. Trouve des ressemblances dans l'orthographe des mots de chaque série.

bœuf, cœur, nœud, œuf, œuvre

beaucoup, beauté, fourneau, nouveau, plateau

champignon, lampe, pompier, septembre, tomber, tromper

Le cœur sur la main

Fais-tu partie de ces personnes généreuses qui adorent faire des cadeaux ? Voici pour toi le moment d'offrir le récit que tu as créé.

1. Avec tes camarades, discute des étapes que vous avez suivies pour écrire vos textes.

2. Va maintenant trouver la ou les personnes à qui tu veux offrir ton histoire. Présente-lui ton cadeau et explique-lui comment tu l'as préparé.

3. Discute avec les élèves de ta classe.
   - Quelle a été la réaction de la personne ou des personnes à qui tu as offert ton histoire ?
   - Qu'est-ce que tu as appris de plus important dans ce projet ? Explique ta réponse.

4. Fais ton bilan personnel dans ton journal de bord en utilisant la fiche qu'on te remettra.

Projet 7

Au menu : des livres alléchants !

Cette année, tu as fait la connaissance de personnages courageux, espiègles, comiques, attachants ou mystérieux. Tu les as accompagnés dans leurs aventures, leurs rêves, leurs joies et leurs inquiétudes. Ce dernier projet est l'occasion idéale de partager quelques-uns de tes plaisirs de lecture avec tes camarades.

Le but du projet

Au cours d'un dîner, tu vas participer à un jeu qui consiste à deviner, à l'aide d'indices, le titre des histoires préférées de tes camarades.

Les étapes à suivre

1. Tu vas prendre connaissance des règles du jeu.

2. Tu vas explorer ton carnet de lectures à la recherche d'un récit que tu as beaucoup aimé.

3. Tu vas sélectionner des extraits de ce récit qui serviront d'indices dans le cadre du jeu.

4. Tu vas fabriquer un napperon sur lequel tu inscriras ces indices.

5. Au cours d'un dîner avec les élèves de ta classe, tu vas participer au jeu littéraire que tu as préparé. Tu feras ensuite le bilan du projet.

Tu vas apprendre à :

- comprendre les règles d'un jeu ;
- faire preuve de jugement critique ;
- scruter l'univers d'un récit ;
- faire preuve de créativité ;
- employer un vocabulaire précis ;
- vérifier la structure et la ponctuation des phrases ;
- conjuguer les verbes à différents temps ;
- reconnaître le radical et la terminaison des verbes.

Tout un jeu !

Tu as sûrement déjà participé à des jeux de devinettes. Qu'est-ce que tu préfères : donner des indices ou trouver la solution ? Le jeu auquel tu vas participer est un peu différent de ce que tu connais. C'est ce que tu constateras en lisant les règles du jeu !

1. Survole le texte *Un jeu littéraire*, puis observe les intertitres et les mots en caractères gras. Selon toi, en quoi consiste ce jeu ?

2. Lis le texte suivant afin de bien comprendre le jeu auquel tu vas participer.

Un jeu littéraire

But du jeu

Le jeu consiste à deviner le titre d'un livre en écoutant un extrait de ce livre et en lisant les indices inscrits sur un napperon.

Préparation du jeu

1. Chaque joueur ou joueuse **choisit un livre** et le couvre pour en cacher le titre.

2. Chaque joueur ou joueuse repère, dans son livre et dans son carnet de lectures, **des indices révélateurs** du livre choisi :

   • des renseignements bibliographiques (nom de l'auteur ou de l'auteure, titre du livre, collection, maison d'édition, etc.) ;

   • trois extraits : un premier qui sera lu à voix haute, un deuxième qui sera transcrit sur un napperon et un troisième qui sera illustré ;

   • deux raisons qui donneront aux autres le goût de lire le livre choisi.

3. Le joueur ou la joueuse **fabrique un napperon** en y mettant tous les **indices**, sauf l'extrait qui sera lu à voix haute.

   Attention ! On ne doit pas inscrire son nom sur le napperon.

4. L'enseignante ou l'enseignant **ramasse les napperons** et les dispose au hasard autour d'une table.

Déroulement du jeu

1. Les joueurs **prennent place autour de la table** en évitant de s'asseoir devant leur propre napperon.

2. À tour de rôle, chaque joueur ou joueuse **lit à voix haute un extrait** de son livre.

3. Pendant ce temps, les autres joueurs **lisent les indices** inscrits sur le napperon qu'ils ont devant eux. Ils essayent de voir si l'extrait et les indices concordent.

4. Les joueurs **inscrivent leurs réponses** sur leur fiche *Un jeu littéraire*.

   • S'ils croient que l'extrait correspond au titre du livre écrit sur le napperon, ils inscrivent ce titre à côté du nom de l'élève qui vient de lire l'extrait.

   • S'ils croient reconnaître l'extrait d'un livre qu'ils ont déjà lu, ils notent le titre de ce livre, même s'il ne correspond pas à celui de leur napperon.

Fin du jeu

1. Le jeu prend fin lorsque tous les joueurs ont lu leur extrait.

2. Quand tous les joueurs ont lu leur extrait, ils **découvrent leur livre**.

3. Ils **calculent le nombre de points** obtenus afin de déterminer les deux gagnants de la partie :

   - le joueur ou la joueuse qui a deviné **le plus grand nombre de titres** ;

   - le joueur ou la joueuse qui a obtenu **le plus de points** en sa faveur.

Forme une équipe avec trois autres élèves. Vérifiez si vous avez bien compris le jeu en répondant aux questions ci-dessous.

- Quels indices faut-il écrire sur son napperon ?
- Pourquoi les joueurs ne doivent-ils pas écrire leur nom sur leur napperon ?
- Qu'est-ce qui est préférable : choisir des indices très révélateurs ou peu révélateurs du livre ? Pourquoi ?
- Comment des joueurs peuvent-ils deviner plusieurs titres s'ils n'ont qu'un napperon devant eux ?

Communiquez vos réponses à la classe et discutez-en.

Ton carnet de lectures : une mine de renseignements

Tu vas :

Faire preuve de jugement critique

Le jeu commence par une exploration de ton carnet de lectures. Tu te rappelleras avec plaisir les heures passées dans l'univers de tes personnages préférés. Tu y trouveras sûrement le titre d'un livre qui t'a marqué.

1. Parmi les romans, les légendes et les contes que tu as lus, choisis le récit que tu veux présenter. Pense à une histoire bouleversante ou drôle, à une intrigue qui t'a tenu en haleine, à un récit d'aventures palpitant.

   Pour t'aider, relis les notes que tu as prises dans ton carnet de lectures de cette année ou de l'année dernière.

2. Retrouve le livre que tu as choisi et hâte-toi de le couvrir. Tes camarades ne doivent pas savoir quel livre tu présenteras.

3. Soumets ton choix à ton enseignante ou à ton enseignant, qui s'assurera que chaque élève a un livre différent.

Les vacances approchent ! C'est le temps de faire ta provision de livres. Cet été, où t'installeras-tu pour lire ? Au pied d'un arbre ou sur une branche ? À la plage ou au bord de la piscine ? Sur le siège arrière de l'auto ? Dans ta chambre ?

À la recherche d'indices

Quels indices vas-tu donner de l'œuvre que tu as choisie ?
Trouve des indices qui ne seront pas trop faciles, mais qui feront
quand même de toi le gagnant ou la gagnante du jeu !

1. Commence par les indices les plus faciles à repérer. Dans ton
   cahier, inscris les renseignements bibliographiques suivants :

   • le nom de l'auteur ou de l'auteure ;

   • le titre du livre ;

   • le nom de la maison d'édition ;

   • le nom de la collection, s'il y a lieu ;

   • le lieu et l'année de publication.

2. Rappelle-toi l'histoire et relis-en des passages au besoin.
   Choisis trois extraits représentatifs de ton livre :

   • un extrait que tu liras au cours du dîner littéraire ; ce passage
     peut avoir de une à trois pages ;

   • un autre que tu transcriras sur ton napperon ; il doit être plus
     court (un paragraphe, par exemple). Cet extrait peut être un
     dialogue ou une description significative ;

   • un dernier que tu illustreras sur ton napperon.

Attention!

- Ces trois extraits doivent bien représenter l'histoire, mais ils ne doivent pas être trop faciles à reconnaître.
- Les extraits doivent avoir un lien entre eux. Tu peux, par exemple :
  - présenter le personnage principal dans trois situations différentes ;
  - raconter trois événements importants de l'histoire ;
  - décrire les intentions, une action et les réactions du personnage principal dans une situation précise.

3. Dans ton cahier, note les pages des extraits choisis ainsi que les mots qui marquent le début et la fin de chacun. Tu pourras ainsi les retracer plus facilement.

4. Relis l'extrait que tu veux illustrer pout t'aider à trouver des idées. Ton dessin doit laisser transparaître ta perception du personnage ou des situations qu'il a vécues. Fais une esquisse de ton illustration.

Rassembler les indices

Te rappelles-tu ce qu'il te reste à faire pour préparer le jeu littéraire ? Le napperon, bien sûr ! Mais avant, tu dois trouver un dernier indice : les deux raisons qui vont inciter tes camarades à lire ton livre. Rédige maintenant un court texte convaincant.

Planification

1. Fais le croquis de ton napperon. Détermine l'endroit où tu placeras les différents indices : les renseignements bibliographiques, l'extrait à transcrire, l'illustration de l'autre extrait et le court texte où tu expliqueras pourquoi il faut lire ton livre. Voici des modèles de napperons.

2. Quelles raisons vas-tu invoquer pour convaincre tes camarades de lire ton livre ? Tu dois en trouver deux.
   - Relis tes notes de lecture ou des passages du livre.
   - Résume tes raisons en quelques mots.
   - Trouve des idées pour expliquer chaque raison.

Rédaction et révision

1. Écris ton texte au brouillon.

- Laisse assez d'espace entre les lignes pour pouvoir améliorer ton texte.
- Si tu doutes de l'orthographe ou du choix des mots, note-le à mesure que tu rédiges ton texte.

2. Relis ton texte en te posant les questions suivantes.

- Tes raisons sont-elles convaincantes ?
- Devrais-tu ajouter quelques explications pour illustrer tes idées ?

LES MOTS ET LES PHRASES

Syntaxe et vocabulaire

Utilise ton cahier au besoin.

Tu vas :

Employer un vocabulaire précis

1. Patrice a écrit un texte sur un roman qu'il a beaucoup aimé, mais il connaît peu le vocabulaire propre au monde des livres.

- Avec un ou une camarade, aide Patrice à améliorer son texte en remplaçant les mots soulignés par d'autres plus précis.
- Modifie les phrases pour qu'elles soient bien structurées et que les mots soient bien orthographiés.

> Je suis certain que vous allez adorer le livre que je vous suggère. J'ai lu d'autres livres de <u>celle qui a écrit</u> ce roman et je trouve que le dernier est son meilleur. Ses histoires sont toujours excitantes et les personnages sont très drôles. <u>Ce que les personnages font</u> se passe très rapidement. On a toujours hâte de connaître <u>ce qui va arriver à la fin de l'histoire</u>. Ce roman est divisé en plusieurs <u>parties</u> très courtes et faciles à lire. Lisez ce qui est écrit sur <u>la couverture à l'endos du livre</u> ! Vous aurez une bonne idée de l'histoire. J'aimerais avoir autant de talent que <u>celui qui a dessiné</u> la couverture. Il sait nous mettre tout de suite dans l'atmosphère du roman.

2. Les phrases du texte suivant sont-elles bien structurées et bien ponctuées ?

- Si tu y trouves des erreurs, corrige-les.
- Explique tes corrections à un ou une camarade.

Connais-tu l'histoire des personnages bizarres qui ont envahi la bibliothèque municipale. l'un des personnages, L'ogre avaleur de livres, a fait sa provision de livres pour la semaine. Il a emprunté treize légendes d'ogres et dix-huit romans et vingt-cinq bandes dessinées. La sorcière noir charbon aime pas la lecture. Elle voulait emprunter des cassettes de musique de sorcières, mais elle a pas trouvé ses chansons préférées. Qu'il est drôle ce lutin minuscule. Il est assis sur une énorme encyclopédie écrite par des gnomes ?

3. Relis chaque phrase de ton texte en te posant les questions suivantes.

- La phrase est-elle bien ponctuée et bien structurée ?
- Les mots sont-ils précis ?

Correction

L'ORTHOGRAPHE

Orthographe grammaticale

Tu vas :

Conjuguer les verbes à différents temps

Reconnaître le radical et la terminaison des verbes

1. Les activités qui suivent vont te permettre de faire le point sur la conjugaison des verbes en « er ». Observe la conjugaison du verbe « aimer » au présent, à l'imparfait, au futur simple et au conditionnel présent de l'indicatif.

Utilise ton cahier au besoin.

- La première partie du verbe s'appelle le **radical** ; c'est la partie qui ne change presque pas. La deuxième partie, la **terminaison**, change souvent.

- Quelles ressemblances et quelles différences remarques-tu dans le radical et la terminaison du verbe « aimer » à ces quatre temps ?

Présent	Imparfait	Futur simple	Conditionnel présent
j'aim**e**	j'aim**ais**	j'aim**erai**	j'aim**erais**
tu aim**es**	tu aim**ais**	tu aim**eras**	tu aim**erais**
il aim**e**	elle aim**ait**	il aim**era**	on aim**erait**
nous aim**ons**	nous aim**ions**	nous aim**erons**	nous aim**erions**
vous aim**ez**	vous aim**iez**	vous aim**erez**	vous aim**eriez**
elles aim**ent**	ils aim**aient**	elles aim**eront**	elles aim**eraient**

2. Sers-toi de ce verbe comme modèle pour conjuguer les verbes ci-dessous :

- « chercher » aux trois personnes du pluriel de l'imparfait ;

- « jouer » aux trois personnes du singulier du futur simple ;

- « tomber » aux trois personnes du pluriel du conditionnel ;

- « crier » aux trois personnes du singulier du conditionnel.

3. Compare tes réponses avec celles d'un ou d'une camarade, puis explique-lui comment tu as procédé pour conjuguer les verbes demandés.

4. Observe le verbe « aimer » au présent de l'indicatif et au présent du subjonctif. Quelles ressemblances et quelles différences remarques-tu ?

Indicatif présent	Subjonctif présent
j'aime	que j'aime
tu aimes	que tu aimes
elle aime	qu'il aime
nous aimons	que nous aimions
vous aimez	que vous aimiez
ils aiment	qu'elles aiment

5. Comment écrirais-tu les verbes entre parenthèses ?
- Il faut que je (jouer) avec mon petit frère.
- Il faut que tu (arriver) tôt le matin.
- Il faut que vous (marcher) lentement.

6. Compare encore une fois tes réponses avec celles de ton ou ta camarade. Explique-lui comment tu as fait pour conjuguer ces verbes.

7. Compare l'indicatif présent et l'impératif présent du verbe « aimer ». Observe également le participe présent.

Indicatif présent	Impératif présent
j'aime	
tu aimes	aime
elle aime	
nous aimons	aimons
vous aimez	aimez
ils aiment	

Participe présent
aimant

Au participe présent, le verbe « aimer » s'écrit toujours « aimant ».
Le participe présent, comme l'infinitif, ne se conjugue pas.

8. Transforme les phrases déclaratives suivantes en phrases impératives.

A Tu travailles avec moi encore cinq minutes.

B Vous rangez vos livres.

C Nous jouons ensemble la prochaine joute.

9. Comment écrirais-tu le verbe entre parenthèses dans les phrases suivantes ?

A La vieille dame écrivaine a été surprise en (entrer) à la bibliothèque.

B En (parler) avec les enfants qui l'attendaient, elle a compris qu'ils aimaient beaucoup ses romans.

10. Compare tes réponses avec celles de ton ou ta camarade. Trouvez ensemble une réponse aux questions suivantes.

- Quelles différences et quelles ressemblances y a-t-il entre l'impératif présent et l'indicatif présent du verbe « aimer » ?

- Comment le participe présent du verbe « aimer » est-il formé ?

11. En rédigeant son texte, un élève s'est arrêté sur quelques mots difficiles à orthographier et il les a soulignés. Que devrait-il faire pour s'assurer que ces mots sont bien orthographiés ? Discute de tes suggestions avec les élèves de ta classe.

Cette année, notre classe a étonné les bibliothécaires du quartier. Chaque semaine, neuf élèves sont allés chercher des livres nouveaux. Avant, ces élèves lisaient très peu ; maintenant, ils sont devenus des maniaques de lecture. Au cours de l'année, deux auteures de science-fiction sont venues nous parler de leur travail. Ces rencontres avec des écrivaines ont stimulé encore plus notre intérêt pour la lecture.

1. Corrige ton texte une phrase à la fois. Vérifie :
   - les accords dans les groupes du nom ;
   - l'orthographe des pronoms personnels ;
   - l'accord des verbes ;
   - l'orthographe d'usage de tous les mots.

2. Voici le moment de fabriquer ton napperon.
   - Reprends le croquis que tu as fait au début de l'étape 4 Écriture (p. 118) et décide de sa présentation finale.
   - Réunis tous les indices à reporter sur ton napperon : les renseignements bibliographiques, l'extrait, l'esquisse et le court texte d'opinion que tu viens de rédiger.
   - Transcris au stylo tout ce qui est du texte. Modifie ton écriture pour éviter que les autres la reconnaissent.
   - Reproduis ton esquisse en couleurs.

3. Relis une dernière fois tout ce que tu as écrit sur ton napperon pour t'assurer qu'il ne reste pas d'erreurs. Remets ton napperon à ton enseignante ou enseignant.

Orthographe d'usage

12. Trouve des ressemblances et des différences dans l'orthographe des mots de chaque série.

- Explique tes découvertes à un ou une camarade.
- Mémorise l'orthographe de ces mots.

ambulance, bonbon, chambre, ombre, tomber

chevreuil, écureuil, fauteuil, feuillage, recueil

citron, français, garçon, glaçon, leçon

gomme, nageoire, orangeade, pigeon, plongeon

13. Sélectionne des mots dans chacune des colonnes de manière à former des ensembles de mots qui ont des ressemblances orthographiques.

1. cœur	a) sujet	A) outil
2. pied	b) ouvrier	B) patinoire
3. projet	c) ceinture	C) mystère
4. sorcier	d) nid	D) roux
5. trottoir	e) gentil	E) cuisinier
6. peinture	f) baignoire	F) secret
7. doux	g) bœuf	G) frein
8. fusil	h) pyjama	H) carotte
9. armoire	i) jaloux	I) fond
10. gymnase	j) flotter	J) sœur

14. Réponds aux questions suivantes, puis vérifie tes réponses dans un dictionnaire.

- Si tu trébuches sur une pierre, auras-tu mal à la grosse orteille ou au gros orteil ?
- Dirais-tu que l'énigme de ton roman était passionnant ou passionnante ?
- Pour mesurer la température de l'eau, te sers-tu d'un thermomètre ou d'un termomètre ?
- Avec quoi peux-tu couper une planche de bois : avec une cie ? une scie ? ou une sie ?
- Célèbres-tu ton anniversaire de naissance ? nessance ? ou nèssance ?

Au jeu !

Tout est prêt pour ce dîner tant attendu ! As-tu ton livre en main ?
À toi de deviner le plus grand nombre de titres possible !

1. Relis l'extrait que tu vas présenter aux autres élèves.
   - Trouve l'intonation qui rendra l'atmosphère et les émotions du texte.
   - Prévois les pauses, surtout s'il y a des dialogues, pour que tes camarades comprennent bien ce que tu lis.

2. Le jeu peut commencer !
   - Quand ce sera ton tour de lire ton extrait, mets-y toute l'expression dont tu es capable.
   - Pendant la lecture d'un extrait, lis les indices écrits sur ton napperon et essaie de voir si l'extrait et les indices concordent.
   - Si les indices concordent ou si tu reconnais l'extrait, inscris le titre du livre à côté du nom de l'élève qui vient de lire son extrait. Utilise la fiche *Un jeu littéraire*.
   - Tu peux aussi écrire un titre suivi d'un point d'interrogation si tu as des doutes.

3 Lorsque tous les élèves ont lu leur extrait, enlève la couverture de ton livre. Fais un tour de table pour connaître ton résultat au jeu.

- As-tu deviné juste ? Sur ta fiche, dans la colonne « Résultat », inscris 1 point chaque fois que tu as deviné le titre d'un livre. Fais ensuite le total de tes points.
- Combien d'élèves ont deviné le titre de ton livre ? Fais ce compte avec l'aide de ton enseignante ou enseignant.

4 Qui sont les gagnants ?

- Tu gagnes la partie si tu as obtenu le plus grand nombre de points. Si tu as deviné autant de titres de livres, c'est que tu as une bonne mémoire de tes lectures. Tu es peut-être un lecteur ou une lectrice d'expérience !
- Tu gagnes aussi la partie si ton livre a obtenu le plus grand nombre de points. Si autant d'élèves ont deviné le titre de ton livre, c'est que tu as su choisir un bon extrait et que tu as bien compris le livre que tu as lu.

5 Partage tes impressions avec tes camarades.

- As-tu aimé ce dîner littéraire ?
- Quelles suggestions ferais-tu pour améliorer le jeu ?
- Que penses-tu du résultat que tu as obtenu ?
- Quels livres as-tu envie de lire maintenant ?

6 Fais ton bilan personnel à l'aide de la fiche qu'on te remettra. Range ton napperon et ton bilan dans ton portfolio.

7 Fais ton bilan de la dernière étape.

- Relis tous les travaux que tu as déposés dans ton portfolio.
- Choisis deux travaux :
  – celui que tu aimerais montrer à tes camarades ;
  – celui auquel tu as consacré le plus d'énergie.
- Présente tes deux productions à tes camarades.

Recueil
de textes

Table des matières

Projet 1

Quand les sons et les couleurs parlent

Le tigre du douanier Rousseau

L'illustratrice s'est inspirée d'une œuvre du douanier Rousseau, *Paysage exotique avec tigre et chasseurs.*

Le tigre était en nage et bien tracassé. Toute la matinée, il avait été poursuivi à travers la jungle par les chasseurs et maintenant il était perdu.

« Si je reste ici, ils vont me trouver, pensa-t-il, mais je ne sais pas où je suis. »

« Excusez-moi, madame, dit-il à une fleur particulièrement élégante, quel est le meilleur chemin pour rentrer à… »

« Au diable ! » grogna la fleur d'une voix très grave. Et elle happa le nez du tigre.

« Peste ! » cria le tigre suffoqué en manquant de tomber à la renverse.

« Quoi ? Moi, un tigre attaqué par une fleur ? C'est ridicule ! »

Le tigre se pencha, ouvrit la bouche toute grande et, d'une seule bouchée, la fleur disparut du tableau.

« Formidable ! » dit-il la bouche pleine.

Maintenant, il y avait un blanc sur le tableau, là où il y avait eu la fleur, et le tigre se sentait très content de lui. Il était si occupé à mâchonner qu'il en avait oublié les chasseurs.

Puis il entendit des pas se rapprocher de plus en plus. « Ce sont les chasseurs », pensa-t-il, et il chercha un endroit pour se cacher. Mais ce n'étaient pas les chasseurs. Le tigre sourit en se rappelant où il était : « Je suis sur une peinture, dans un musée ! »

Comme le bruit des pas grandissait, son sourire s'élargit de plus en plus.

« Voici un visiteur. Je vais en profiter pour m'amuser », dit-il. Il vit s'approcher une vieille dame portant son déjeuner dans son panier.

Le tigre retint son souffle et s'assit, très, très sagement. Comme la vieille dame passait, trottinant devant lui, il fit un énorme R-O-A-R-R-Rrrrrr. Elle sauta en l'air de frayeur, éparpillant épingles à cheveux et sandwichs.

Le tigre avait très faim et sentait l'odeur des rillettes. Il sauta de la toile, avala les sandwichs et se mit en quête de la vieille dame et de son panier à provisions plein de bonnes choses.

La vieille dame s'enfuit en criant dans la galerie et à travers le musée. Petit à petit, elle réalisa qu'il n'y avait rien derrière elle, sinon des rangées et des rangées de tableaux accrochés aux murs. « J'ai dû entendre des voix », murmura-t-elle.

Le tigre allait lentement à travers le musée, ignorant les autres tableaux sur les murs. Il était facile de suivre la vieille dame à la trace, car il n'avait qu'à se fier à l'odeur des rillettes qu'elle trimballait dans son panier.

Il la trouva en contemplation devant une peinture représentant un chat tacheté. Le tigre sourit et se mit à rapetisser. La vieille dame entendit un chat miauler. Elle regarda à ses pieds et vit un petit chat tigré et affamé. «Mon amour de chaton», murmura-t-elle en le ramassant.

«Tu vas partager mon déjeuner», dit-elle et elle casa tant bien que mal le tigre dans son panier.

Elle l'emmena dehors, sur un banc, dans un parc, où ils mangèrent et mangèrent tous les deux jusqu'à ce qu'il n'y ait plus rien.

La dernière miette avalée, ils étaient tous les deux trop gavés pour bouger, et ils sentirent le sommeil les gagner dans la chaleur du soleil d'après-midi. Le tigre se réveilla le premier. Il avait retrouvé sa taille normale, et son appétit!

Extrait de Kate CANNING, *Le tigre du douanier Rousseau*, Jean-Pierre Delarge, éditeur, 1979. © 1979 Kate Canning, auteure et illustratrice.

Visite au grand sorcier-magicien du pays bleu : ALKEMISTOR MIROBOLANT

Juan MIRÓ, *Personnages dans la nuit guidés par les traces phosphorescentes des escargots*, 1940.

Il y a bien longtemps vivait dans le grand pays bleu le sorcier-magicien Alkemistor MiroBolant. C'était un étrange personnage rond et pointu, avec un œil blanc et noir et un nez comme une trompe d'éléphant. Allons le voir, car il est toujours là ; et le grand pays bleu existe encore pour nous, les enfants, les peintres et les poètes…

Il habite dans une maison-laboratoire qui est peut-être bien sous la mer bleue des songes. Au-dessus de sa tête, voici l'oiseau-poisson Mirabrakadabrax. Cet oiseau au bec en pinces de homard ne se rencontre qu'en ces contrées lointaines.

Tout autour d'Alkemistor MiroBolant, on découvre les instruments qui lui servent à fabriquer les pierres de lune, des bleues, des rouges, des noires, et d'autres oiseaux-poissons. Et d'abord la grande cornue magique d'où sort pour le moment le grand poisson-oiseau, un monstre carré à trois poils, avec lui aussi un œil blanc et noir. Mais le noir de son œil est un petit rond, alors que l'œil de Mirabrakadabrax...

C'est la nuit. Le croissant de lune brille, brille tellement que le soleil est devenu tout maigre et qu'il est jaloux dans son coin. Un sablier, un autre sablier sont là pour mesurer l'air du temps. Quant à ce troisième sablier que nous avions oublié, il doit être là pour compter les rayons de la lune.

Autour du croissant et d'Alkemistor MiroBolant d'autres petites lunes se promènent, des rouges, des rouges et noires, des grandes et des minuscules. Elles se baladent dans le ciel-laboratoire et doivent faire une douce musique.

Près de la cornue on voit le système des planètes chauffantes avec cet astre rouge qui fait bouillir le bleu et le noir et tout le reste. Pendant ce temps, l'escargot du sorcier s'éveille à la chaleur et regarde le sablier se remplir de lumière de lune.

Au pied de la cornuoiseau, deux limaces noires entament la conversation : elles voudraient savoir laquelle des deux ira chatouiller Alkemistor MiroBolant pour le faire rire.

Ah ! Nous n'avions pas remarqué que la roue du soleil parlait à l'étoile de mer filante aux bras bleus.

Pour entrer, comme nous, dans le ciel-laboratoire d'Alkemistor MiroBolant, ne dites à personne qu'il faut d'abord passer par cette petite porte noire et rouge, mais pour sortir... Il faut attraper l'étoile de mer filante et s'enfermer dans ce labyrinthe.

C'est ainsi qu'Alkemistor MiroBolant dans son ciel-laboratoire bleu et vert (mais c'est peut-être aussi bien une mer) fabrique dans sa grande cornue, sous les blancs reflets de la lune, de drôles de monstres poissons-oiseaux, bizarres et très gentils, gentils comme Monsieur Joan Miró qui, avec ses pinceaux et ses couleurs, nous emmène dans son pays magique.

Joëlle CORDENOT et al., *Visite au grand sorcier-magicien du pays bleu : Alkemistor MiroBolant*, Paris, Imagique/Larousse, 1982.

Casse-noisette et le roi des souris

L'heure avançait, il était temps que les enfants aillent au lit.

Leur mère venait juste de leur souhaiter bonne nuit, Marie avait douillettement bordé son nouveau casse-noisette dans un berceau de poupée et se préparait, elle aussi, à aller se coucher quand l'horloge se mit à grincer d'une curieuse manière.[...]

Et doucement, la petite horloge sonna douze coups. Marie s'en effraya.

Des rires, des chuchotements emplirent la pièce. Derrière le poêle, sous les chaises et les armoires, ce fut comme si mille petites pattes tapaient, comme si mille petits yeux s'allumaient dans le noir. Marie vit alors des souris sortir de partout. Tip, top, hip hop, la troupe se fit bientôt plus grande et Marie s'enchanta de ces nouvelles compagnes.

C'est alors qu'elle entendit un sifflement aigu, menaçant. Juste aux pieds de Marie, il y eut un jet de pierre et sept têtes de souris, surmontées de sept couronnes d'or, surgirent de terre en sifflant effroyablement. Puis le corps se dégagea, et le roi des souris apparut. Son armée tout entière l'accueillit par trois stridents vivats.

La troupe se dirigea alors vers l'armoire devant laquelle Marie se tenait. Pétrifiée, elle fit un pas en arrière, perdit l'équilibre et tomba en heurtant de son coude un verre qui se brisa en mille morceaux. Elle ressentit une vive douleur au bras mais n'eut pas le temps d'y prendre garde. De légers bruits sortaient à présent de l'armoire. On entendait de petites voix crier :

— Debout, debout, au combat, debout.

À ces mots le casse-noisette se redressa, rejeta la couverture, ceignit son petit sabre et dit :

— Crac, crac ! Sus aux souris, sottes canailles, insolentes racailles ! Frères et amis, secondez-moi dans ce dur combat !

C'est alors que sautèrent les couvercles des boîtes dans lesquelles Fritz avait rangé son armée. Dragons, hussards, fantassins, minuscules soldats bondirent et se déployèrent en un instant. Ils s'écrièrent d'une seule voix :

— Oui, seigneur, nous irons avec toi à la victoire.

Et déjà ils s'élançaient derrière le casse-noisette. Les fanfares sonnèrent, les hussards et les dragons avancèrent, et un combat sans merci s'engagea contre ces souris assassines. Le casse-noisette se battait avec intrépidité suivi d'une foule bigarrée de soldats et de petits bonshommes en tous genres. On voyait des jardiniers, des tyroliens, des coiffeurs et des arlequins, des musiciens et des ramoneurs. On y voyait même des lions, des tigres, des singes et des guenons.

Quand tout à coup, le casse-noisette se retrouva seul, cerné par ses ennemis.

— Un cheval ! Mon royaume pour un cheval ! s'écria-t-il tandis que l'effroyable roi des souris s'avançait vers lui. Alors Marie, prise de peur, saisit sa chaussure qu'elle envoya dans le gros de la troupe des souris, juste à l'endroit où se trouvait le roi.

Tout disparut comme par magie et Marie perdit connaissance.

Extrait de *L'aventure de Walter Schnaffs et quatre autres contes*, traduction de Nicole Gabriel, Paris, Albin Michel Jeunesse, 1987.

Thibaut est l'élève de Sigismond, un bon sorcier qui guérit les gens avec des potions. Un jour, Sigismond montre au jeune homme comment faire un remède pour soigner les verrues. Thibaut est déçu : il trouve que son maître ne sait pas faire de vrais tours de magie.

L'apprenti sorcier

Quelques jours plus tard, Sigismond le laissa seul. Le maître avait reçu ses amis sorciers et raccompagnait à cheval le plus âgé. Thibaut était chargé de tout balayer, laver et ranger pour son retour…

Le garçon commença par le balayage. Puis, au lieu de ranger lui-même les balais, il eut l'idée d'essayer la formule-qui-fait-bouger, puisqu'il la savait.

— Bullicare-Movere ! prononça-t-il, les yeux fermés, en se concentrant.

Lorsque Thibaut rouvrit les yeux, il fut stupéfait… Émerveillé !

Des branches, des racines poussaient aux balais qui se dirigeaient à petits pas, comme à regret, vers leur placard ! La magie fonctionnait…

«Bravo! Bravo! Je vais les commander maintenant!» se dit Thibaut, qui cria :

— Prenez les seaux, tirez de l'eau au puits, remplissez l'évier!

Et voilà les balais au travail! Le treuil se mit à grincer, l'eau à monter, les seaux à se vider dans l'évier. L'apprenti sorcier, grisé par son pouvoir, se sentait devenir aussi puissant que son maître! Le garçon se mit à crier aux balais obéissants :

— Movere! Plus vite! De l'eau! Encore de l'eau, beaucoup d'eau!

— Bon! c'est assez maintenant! dit enfin Thibaut en voyant l'évier plein. Balais, arrêtez!

Mais les balais continuaient leur va-et-vient sans pouvoir cesser... Ils versaient encore de l'eau dans l'évier qui débordait!

— Arrêtez! hurla l'apprenti sorcier... Arrêtez! C'est assez!

Mais quelle formule magique devait-il prononcer?... Hélas! Il l'ignorait.

«Il y a un moyen, se dit Thibaut : briser ces maudits balais!» Et, à coups de hache, il crut les frapper à mort. Malheur! la magie fonctionnait contre l'apprenti sorcier imprudent. Au lieu de se fendre en deux, les balais se multiplièrent! Maintenant, il y en avait quatre pour puiser l'eau et la vider dans l'évier!

L'eau coula, ruissela dans la rue... Et Thibaut, incapable de trouver la formule pour arrêter les balais, se mit à pleurer.

Et les balais continuèrent leur travail... Et l'eau continua à déborder de l'évier. Elle coulait dans la maison du sorcier absent et l'apprenti sorcier pleurait de regret et de désespoir. Car il ne trouvait pas la formule qu'il cherchait en vain dans le livre du sorcier.

L'eau glissa bientôt sous les portes, coula dans la rue, inonda la place! Elle monta… monta… MONTA!

— De l'eau partout! de l'eau pour jouer! criaient les enfants qui pataugeaient et s'éclaboussaient.

— C'est le déluge! la fin du monde! Les flots vont tout recouvrir! Nous allons tous périr noyés! gémissaient les malheureux villageois qui ne savaient même pas d'où venait cette inondation épouvantable. Les chats s'étaient réfugiés sur les toits et tout le bétail beuglait. On montait vite les bébés et les vieillards dans les étages…

Enfin, celui qui pouvait tout arranger apparut sur la place : le sorcier Sigismond rentrait au village à cheval.

— Adsatis! Satis!… Balais, c'est terminé! dit seulement le sorcier Sigismond en pénétrant dans sa cour inondée.

Aussitôt, les balais s'arrêtèrent. Il n'y en avait plus que deux. Le treuil du puits cessa de tourner en grinçant pour remonter l'eau qui cessa de couler! Et Thibaut cessa de pleurer…

— Thibaut, tu deviendras plus sage et plus savant avec le temps! dit simplement le maître à l'apprenti sorcier. Jamais plus tu n'utiliseras la magie sans savoir en arrêter le cours!

Et l'histoire dit que Thibaut devint, comme son maître Sigismond, un sorcier sage et bon, décidé à faire le bien autour de lui.

Extrait de *L'apprenti sorcier*, adaptation de Marie Tenaille, Paris, Gautier-Languereau/Hachette Livre, 1985.

Victor accompagne sa grand-mère à l'inauguration d'un musée. Il se promène d'une salle à l'autre pendant que sa mamie discute avec des gens qu'elle connaît.

Prisonnière du tableau !

J'avance dans la salle suivante et tout de suite, je vois le tableau, paf, comme s'il me sautait à la figure. Des tableaux, ici, il y en a plein. Mais celui-là, il est spécial, très spécial : une fille, sur la toile, vient de tourner la tête vers moi et me regarde. Me regarde, moi !

Elle est en train de jouer du piano, au milieu d'un tas de gens habillés comme pour un bal masqué et qui l'écoutent religieusement.

Jan Vermeer, *La virginaliste assise.*

J'entends la musique, maintenant. C'est un petit air léger, joyeux, qui sonne comme un refrain de chanson. Je ne rêve pas, non. Je suis parfaitement réveillé. Ce tableau est magique, peut-être. Ou alors j'ai un don pour voir ce que les autres ne voient pas. Maman dit toujours que j'ai un sixième sens. C'est sûrement ça.

Je m'approche doucement, à petits pas. Sur le mur, il y a une petite plaque en cuivre. Je lis :

> LOUISE DE B. JOUANT DU PIANOFORTE
> DANS LE SALON DU VICOMTE DE B.
> PAR M. BRINLUT

Alors je m'assieds par terre et j'écoute la fille en robe bleue.

Elle a une allure du tonnerre, assise bien droite sur son tabouret, avec son petit chignon lié par des rubans bleus. Ses pommettes sont rouges et font comme deux cerises sur son visage. Pour tout dire, je n'ai jamais vu une fille aussi sensationnelle.

Elle garde les paupières baissées, mais de temps en temps elle me jette un coup d'œil. Et elle me sourit. À chaque fois, ça me fait chaud au cœur. J'ai l'impression qu'elle joue pour moi tout seul. J'aimerais que ça dure des siècles.

— Hé, Bichon ! Tu rêves ?

Mamie me tape sur l'épaule.

— Je te cherchais partout, moi. Il est midi, on s'en va.

— Attends, attends !

Je ne peux pas partir comme ça, sans un petit mot d'adieu. J'ai toujours sur moi un carnet où je note plein de trucs. Mon carnet secret. Vite, j'arrache une page, et je griffonne :

> Chère Louise de B.,
> Merci pour le concert, c'était super.
> Je reviendrai t'écouter, promis-juré.
> Victor

Je plie la feuille en huit et je la glisse derrière le tableau. Sur son tabouret, Louise de B. a l'air immobile mais je sais qu'elle fait semblant. À cause de mamie.

— C'est pour un jeu de piste, Bichon ? Pas question de la mettre dans la confidence. Je bredouille un truc incompréhensible en regardant mes pieds. Mamie n'insiste pas. Les secrets, c'est sacré.

— T'as l'air tout chose, dit-elle.

Les grands-mères, ça comprend vite.

Extrait de Gérard MONCOMBLE, *Prisonnière du tableau !*, Paris, Éditions Nathan, collection Demi-lune, 1997. © Nathan/Her (Paris, France) 1997

Le Carnaval des Animaux

À tout seigneur tout honneur ! La marche d'ouverture du Carnaval des Animaux est la marche royale du lion. Têtes hautes, la démarche sûre ; moustaches bien droites et crinières au vent ; la famille royale se dirige vers l'endroit où sera présenté le spectacle.

Il y a pourtant un membre de la famille qui fait exception... c'est la règle ! Cette exception qui traîne la patte, en souriant aux papillons, est un lionceau surnommé ironiquement «Cœur d'artichaut».

Notre lionceau n'est pas comme les autres ! Né sous le signe des poissons, il est timide et rêveur. Depuis qu'il a vu passer des cigognes l'autre jour, il rêve d'avoir des ailes pour aller jouer dans les nuages... et parce que le regard doux d'une gazelle a croisé le sien dans la fraîcheur du couchant, il est devenu végétarien...

Cœur d'artichaut est le «mouton noir» de la famille !!!

Heureusement pour l'honneur des siens qu'il est tout petit ; les autres lions peuvent aisément le camoufler parmi eux et ainsi poursuivre majestueusement leur marche !

Si sa majesté le lion peut veiller tard à sa cour et faire la grasse matinée le lendemain, il n'en va pas de même pour le roi de la basse-cour.

En effet, le coq doit se lever tôt, ne serait-ce que pour épater les chouettes... surtout un matin de carnaval ! Or, le coq qui nous intéresse aujourd'hui revient tout juste du Mexique où il a pris des vacances en compagnie du dindon et du canard. Notre gallinacé, grand amateur de pugilat, fut servi à souhait au pays des «combats de coqs»... Il assista à toutes les rencontres organisées durant son séjour à Mexico et manifesta à ce point son enthousiasme qu'il en est revenu aphone... ou presque !

C'est ce qui explique son angoisse devant la fuite de l'étoile du matin et les premières lueurs de ce jour de carnaval…

Le fatal compte à rebours est déjà engagé : 9, 8, 7, 6, et notre « réveil matin à deux pattes » ne peut se dérober… 3, 2, 1, 0. LUMIÈRE !

Entraîné par l'énergie du désespoir, le ténor à plumes expulse alors un cocorico éraillé qui s'estompe mollement contre la porte du poulailler… Pris d'un trac fou à en perdre son latin, il récidive en lançant un « cock-a-doodle-doo » anémique qui a pour effet d'éveiller la curiosité de toute la basse-cour, peu habituée à entendre parler anglais… Les poules s'interrogent d'abord du regard, puis lentement, graduellement, une rumeur caquetante monte dans le matin clair :

« Le coq a perdu la voix ! »

« Ça lui apprendra à jouer les touristes ! »

« C'est sûrement le changement de climat ! » et cot-cot-ci et cot-cot-ça et caqueti et caqueta !!!

Quittons la basse-cour pour nous rendre à l'hippodrome où se tient le Derby spécial du Carnaval des Animaux.

Approchons-nous de la ligne de départ où deux escargots, père et fils, discutent à l'ombre d'une feuille de rhubarbe.

— Sur quelle monture veux-tu parier papa ?

— Sur le numéro 7, fiston !

— Le 7 ? Tu plaisantes, ce n'est qu'une bourrique !

— Méfie-toi des apparences mon garçon ; c'est un hémione[1] !

_____

1. Un hémione est un âne sauvage venant d'Asie.

— Je dirais plutôt que c'est un indécis. Plus je le regarde et moins j'arrive à déterminer si c'est un âne qui ressemble à un cheval ou un cheval déguisé en âne…

— Mon garçon, l'hémione ne paie pas cher de mine, certes, mais sa rapidité est surprenante ; bon nombre de pur-sang en savent quelque chose !

— Mais dis-moi, papa, d'où sort-il ce phénomène ?

— Il nous vient de Mongolie.

— De Mongolie ! Décidément ces Orientaux sont de véritables paradoxes.

— Chut ! Tais-toi, fils, voici le signal du départ !

Moins rapides que l'hémione, deux vieilles tortues, échappées d'une fable, s'en vont au Carnaval en traînant leurs carcasses, l'air affable…

Elles se sont engagées sur un pont… quelque peu long… Arriveront-elles à le traverser ? Certainement !

Mais quand ? Quand ?

Sur la route qui mène au Carnaval, les éléphants font, eux aussi, office de poids lourds.

— Mais, ne vous y trompez pas ; ils avancent d'un cœur léger. Léger… comme une valse.

Extrait d'André VIGEANT, illustrations de Roger Paré, *Le Carnaval des Animaux*, Montréal, Les Entreprises Radio-Canada, 1998.

Projet 2

Le goût de l'aventure

Marco Polo

Le *Livre des merveilles du monde*

À 17 ans, Marco Polo part en voyage avec son père et son oncle. Ensemble, ils se rendent en Asie. Leur objectif? Faire le commerce des épices et de la soie. Ils reviendront de cette région mystérieuse… 24 ans plus tard! Toute une aventure!

De ce merveilleux périple dans le monde, il reste un livre génial: le *Livre des merveilles du monde*. Marco Polo y décrit, avec beaucoup de détails, les observations qu'il a faites sur les paysages, mais aussi sur les peuples qu'il a rencontrés.

Une riche famille de commerçants aventuriers

Marco Polo naît à Venise, en 1254. C'est aussi dans cette ville qu'il meurt, en 1324. Venise est située au bord de la mer. C'est une ville très prospère à l'époque, parce que les bateaux et les caravanes, qui transportent les marchandises entre l'Asie et l'Europe, passent par là. Les affaires sont bonnes pour les commerçants vénitiens!

De plus, l'Orient, où se trouve la Chine, leur ouvre toutes grandes ses portes et leur offre ses richesses: épices, soie, étoffes, pierres précieuses…

Flairant la bonne affaire, le père et l'oncle de Marco Polo, des commerçants aventuriers, entreprennent un premier voyage jusqu'en Chine, en 1260, puis un second, en 1271. Marco, âgé de 17 ans, les accompagne dans ce deuxième voyage.

Venise du temps de Marco Polo. La ville était un lieu important d'échanges commerciaux.

Les Polo sont les premiers Européens à visiter des régions comme le Pamir (montagnes d'Asie) et le désert de Gobi (Mongolie et Chine). Ils se déplacent à dos de chameau et forment une caravane. Marco a un sens de l'observation remarquable. Tout au long de l'expédition, il prend des notes et enregistre plein de souvenirs.

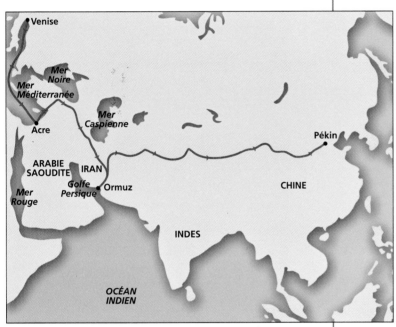

Trajet parcouru par Marco Polo pour se rendre en Chine.

Haut fonctionnaire à la cour de Kubilaï Khan

Après ce périple de 9300 kilomètres, qui dure trois ans et demi, les Polo arrivent à Pékin, en Chine, au cœur de l'Asie. Le grand empereur Kubilaï Khan, qui règne sur l'Asie, les accueille avec tous les honneurs. C'est le début d'une carrière fascinante pour Marco à la cour de l'empereur. Kubilaï Khan apprécie son intelligence. Il lui confie plusieurs missions. Pour effectuer son travail, Marco voyage à travers tout l'Empire mongol de Kubilaï Khan. Il se rend aux Indes et en Perse (l'Iran actuel), et parcourt une grande partie de la Chine. Marco, son père et son oncle sont très bien traités par l'empereur. En fait, le puissant Kubilaï a besoin d'eux ; il veut les garder près de lui.

Escorte pour une princesse mongole

Mais Kubilaï Khan vieillit. Les Polo craignent qu'il meure et que le prochain empereur ne les traite pas aussi bien. Ils cherchent donc un moyen pour rentrer chez eux, à Venise. Bien sûr, ils veulent aussi rapporter toutes les richesses qu'ils ont accumulées. Une occasion se présente enfin : à la demande de Kubilaï Khan, Marco et ses compagnons escortent une princesse jusqu'en Perse. Après avoir reconduit leur noble passagère à destination, ils continuent leur route jusqu'à Venise et rentrent chez eux. Leur absence aura duré 24 ans !

Illustration tirée du *Livre des merveilles*. Kubilaï Khan et les Polo au cours d'une cérémonie officielle.

Prisonnier et conteur

Quelque temps après son retour à Venise, Marco Polo devient commandant d'une galère vénitienne. Au cours d'une bataille navale entre les deux villes ennemies, Venise et Gênes, il est fait prisonnier. Il raconte ses souvenirs de voyage à son compagnon de cellule, un certain Rustichello de Pise. Ce dernier est écrivain. Il prend en note le récit de Marco et en fait un livre intitulé : *Livre des merveilles du monde*.

Un livre à succès !

Le récit de Marco Polo connaît vite un grand succès. Il contient des descriptions détaillées de lieux, de coutumes et de richesses de l'Orient dont personne n'avait parlé avant Marco. Grâce à Marco Polo, les Européens du Moyen Âge font connaissance avec la Chine et d'autres pays d'Asie, comme le Siam (la Thaïlande), le Japon, Java, la Cochinchine (une partie du Vietnam), Ceylan (le Sri Lanka), le Tibet et les Indes.

Pendant longtemps, ce livre a été la seule source d'information sérieuse sur l'Asie. Plus de 150 ans après la mort de Marco Polo, des explorateurs célèbres, comme Christophe Colomb et Vasco de Gama, s'en sont inspirés pour planifier leurs grands voyages. En fait, le *Livre des merveilles du monde* est l'ancêtre des livres de voyage et des manuels de géographie !

… Et Marco affirmait n'y avoir pas décrit la moitié de ce qu'il avait vu !

La route de la soie

C'est ainsi qu'on appelait la route que les explorateurs européens empruntaient pour aller chercher des marchandises exotiques en Asie, comme la soie. On l'appelait aussi « route des épices ».

Qu'est-ce que l'Empire mongol ?

À l'époque de Marco Polo, le monde était bien différent de ce qu'il est aujourd'hui. En fait, il était divisé en deux : l'Orient (Asie) et l'Occident (Europe). Certains des pays que l'on connaît aujourd'hui n'existaient pas encore, et d'autres portaient un nom différent. Une très grande partie de l'Orient, ou Asie, avait été conquise par un peuple nommé les Mongols. Au 13e siècle, leur chef était l'empereur Kubilaï Khan. Son empire, l'Empire mongol, était le plus vaste qui ait jamais existé. L'Empire mongol n'existe plus depuis fort longtemps.

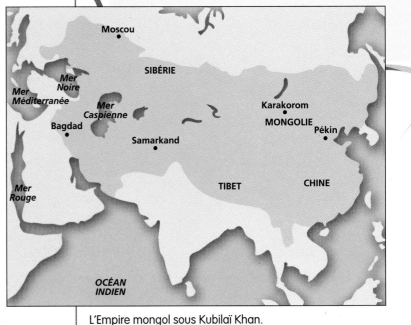

L'Empire mongol sous Kubilaï Khan.

Les Vikings

Des géants blonds venus du Nord

Bien avant l'arrivée de Christophe Colomb en 1492, les Vikings avaient déjà visité notre continent, l'Amérique. Ces navigateurs de génie avaient accosté au Groenland, en 981, et en Amérique, vers l'an 1000. Les archéologues ont prouvé que les Vikings ont habité l'île de Terre-Neuve et ils croient qu'ils se seraient rendus au Massachusetts.

Les rois de la mer

Les Vikings venaient de la Scandinavie, qui est située à l'extrême nord du continent européen. Lorsqu'on observe un globe terrestre, on voit que les pays scandinaves, c'est-à-dire la Suède, la Norvège, la Finlande et le Danemark, sont séparés des autres pays par la mer Baltique et la mer du Nord. Cela peut expliquer pourquoi les Vikings ne se mêlaient pas aux autres peuples européens.

Cette position géographique nous montre aussi que les Vikings n'avaient qu'à suivre une ligne droite pour atteindre l'Islande, puis le Groenland (voir la carte, p. 152). De là, ils pouvaient facilement effectuer des petits voyages de reconnaissance aux alentours. Puis, une fois rendus au Groenland, ils pouvaient très bien se rendre jusqu'à Terre-Neuve.

À l'Anse aux Meadows (Terre-Neuve), se trouve un lieu historique où on peut voir des habitations des Vikings. Ils y ont vécu de 789 à 1100 environ.

Pourtant, la découverte de ces terres a vite été oubliée. Malgré le commerce de l'huile de phoque, de l'ivoire de morse et des fourrures ainsi que les possibilités illimitées de chasse et de pêche, les Vikings se sont désintéressés de ces territoires. La rudesse du climat, les glaciers qui bloquent souvent la voie et les conflits sanglants avec les autochtones peuvent expliquer, en partie, leur désintérêt.

Le début du règne viking

Leur grande connaissance de la mer avait incité les Vikings à perfectionner leurs techniques de navigation et à établir des liens commerciaux avec plusieurs pays voisins. Ces contacts avaient permis aux Vikings d'améliorer leurs connaissances géographiques et d'évaluer l'étendue des richesses de leurs partenaires. La convoitise et les besoins matériels grandissants ont fini par transformer ces habiles commerçants en pirates redoutables et en guerriers dangereux.

Les côtes d'Irlande sont leur première cible en 789. Puis les Vikings envahissent l'Écosse, l'Angleterre, la Normandie et la Bretagne. Ils descendent ensuite le long des rives de la Méditerranée, probablement jusqu'à Byzance (aujourd'hui Istanbul), et sèment la terreur sur leur passage.

Pour s'orienter, les Vikings naviguent près des côtes et observent les étoiles et les vents. De cette manière, ils voguent sur presque toutes les eaux, (rivières, fleuves, mers) qui leur sont accessibles. Les bateaux des Vikings sont très faciles à diriger et deviennent des armes efficaces durant les attaques.

Ces attaques sont appelées « raids ». Un raid est une tactique de guerre qui consiste à débarquer en territoire étranger, à l'improviste, de façon rapide, et à repartir aussi vite, sans laisser à l'ennemi le temps de réagir. Au cours de ces attaques-surprises, les Vikings s'emparent des richesses et ils repartent les navires chargés d'or, d'argent et d'esclaves.

Une réputation de mauvais garçons

En temps de guerre, les ennemis n'ont jamais bonne réputation. Les Vikings étaient certainement des guerriers cruels. Pourtant, rien n'indique qu'ils aient été plus violents que les autres peuples à

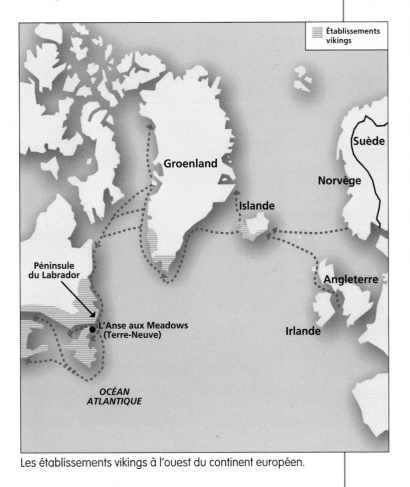

Établissements vikings

Groenland

Suède

Norvège

Islande

Péninsule du Labrador

L'Anse aux Meadows (Terre-Neuve)

Angleterre

Irlande

OCÉAN ATLANTIQUE

Les établissements vikings à l'ouest du continent européen.

la même époque. Mais, comme les Vikings n'étaient pas chrétiens, ils ne considéraient pas les églises et les monastères comme des lieux sacrés. Ils en volaient donc les trésors sans vergogne. C'est probablement ce qui explique en partie leur mauvaise renommée.

Du pillage à la colonisation

Les Vikings ne se sont pas contentés de voler les biens des autres peuples. Ils ont aussi envahi leurs terres pour agrandir leur territoire. L'implantation de colonies, vers 870, puis le peuplement de l'Islande et du Groenland en sont des exemples. On peut penser que c'est cette recherche de nouveaux territoires qui a poussé les Vikings vers l'Amérique.

Que nous reste-t-il des Vikings ?

Un pays, l'Islande, encore aujourd'hui rattaché à la Scandinavie.

Des reliques et des vestiges de navires somptueux jalousement conservés dans les musées scandinaves.

Le mot « fjord », en français, pour désigner ces rochers qui s'enfoncent dans la mer et qui datent de l'ère glaciaire.

Et, surtout, une légende nourrie d'exploits fabuleux. Une légende qui a survécu aux siècles et qui continuera encore longtemps d'habiter notre imaginaire.

Les navires vikings étaient adaptés aux différents types d'expédition. Il y a le *drakkar*, immense bateau de guerre dont la proue est ornée d'une tête de dragon. Le *langskip* est un navire de guerre à 26 rameurs qui permettait de naviguer en eau peu profonde sur les fleuves et les rivières. Le *knörr* est un bateau de commerce à voile, manœuvré par 4 à 6 rameurs, qui pouvait recevoir une charge de 24 tonnes. C'est probablement ce modèle qui a servi à traverser l'Atlantique.

Samuel de Champlain
Le marin fondateur

Samuel de Champlain est né à Brouage, en France, vers 1570. Il est décédé à Québec, en 1635. À partir de 1603, ce personnage marquant de l'histoire de la Nouvelle-France travaille sans relâche au développement économique du « pays »[1]. C'est ainsi qu'il fonde Québec, en 1608. Il tente aussi de peupler le « pays ». Mais il est important de savoir que ce marin — aussi géographe et cartographe — avait une autre mission : trouver la route vers l'Asie.

_____

1. Les mots et les expressions entre guillemets sont tirés des récits de Champlain.

Destination : l'Asie

À la fin du 15e siècle, des marins espagnols et portugais tentent de se rendre en Asie en passant par l'océan Atlantique. Ils espèrent rapporter des Indes, du Japon et de la Chine des biens très appréciés des Européens, soit de l'or, des épices et des soieries. Ces marins, qui pensent se diriger vers l'Asie, atteignent les rives d'un nouveau continent : l'Amérique.

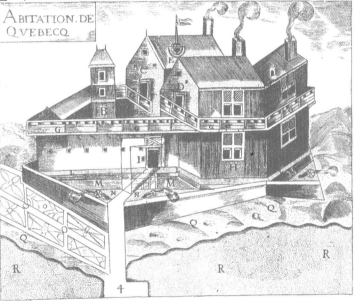

L'habitation construite pour Champlain à Québec, en 1608. On y logeait aussi les ouvriers et les artisans en plus d'y entreposer les armes et les provisions.

Pour l'Espagne et le Portugal, la découverte est de taille : non seulement l'Amérique contient une foule de richesses, mais, qui sait, l'un de ses cours d'eau mène peut-être à l'Asie. Voyant cela, la France et l'Angleterre entrent dans la course. En 1497, Jean Cabot se lance à la recherche du passage convoité, pour le compte de l'Angleterre. En 1534, Jacques Cartier fait de même, pour la France. Les deux marins ne parviendront pas à leurs fins. De 1603 à 1618, Samuel de Champlain caressera, lui aussi, le rêve de trouver, pour la France, cette fameuse route.

Un territoire immense

De 1603 à 1620, Champlain sillonne les cours d'eau de la Nouvelle-France à la recherche de la « route des Indes ». Il est convaincu que le fleuve Saint-Laurent le mènera vers l'Asie. Voilà pourquoi, tout comme Jacques Cartier près de 60 ans avant lui, Champlain remonte le fleuve. À deux reprises, les rapides de Lachine, à proximité de Montréal, lui bloquent le passage. Mais au troisième essai, il parvient à sauter les rapides avec l'aide d'Amérindiens qui utilisent une embarcation inconnue des Européens : le canot d'écorce.

Cet astrolabe aurait appartenu à Champlain.

découvrir non pas le passage vers l'Asie, mais la route qui servira, pendant deux siècles, au commerce avec l'Ouest canadien.

Champlain s'engage aussi sur la rivière Saguenay, puis sur la rivière Richelieu qui mène à un lac immense auquel il donne son nom, le lac Champlain.

Un territoire « émerveillable »

Champlain ne trouvera jamais la route de l'Asie, mais il découvrira un pays qui regorge de richesses naturelles. En effet, si la terre canadienne est parfois « rocailleuse », elle n'en contient pas moins une foule de minéraux comme le fer, l'argent et le plomb. De plus, en maints endroits, le sol est propice à la culture de plusieurs « graines ou grains », dont le blé d'Inde ou maïs, une céréale inconnue en Europe.

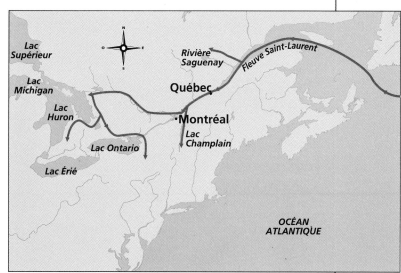

Les voyages de Champlain entre 1609 et 1616.

Une fois cet obstacle franchi, l'explorateur poursuit sa route par différents lacs et rivières, dont la rivière des Outaouais, jusqu'aux lacs Huron et Ontario. Champlain vient de

Les forêts sont aussi très riches. Les arbres, nombreux et d'espèces variées, atteignent souvent une hauteur «émerveillable». De plus, le gibier et les animaux à fourrure abondent. Quant aux «fleuves» souvent très larges — «les plus beaux du monde» — et aux lacs innombrables, ils foisonnent de poissons.

Des gens étonnants

Au fil de ses voyages, Champlain rencontre des peuples étonnants pour un Européen de cette époque. Les peuples autochtones se distinguent par leurs croyances, leur organisation sociale, leur langue, leurs habitations, etc.

Champlain passe un hiver chez un de ces peuples, les Hurons, qui font partie de la grande famille des Iroquoiens. Il les décrit comme des personnes joviales, belles et robustes. Alors que les hommes chassent, pêchent et construisent les habitations, les femmes s'occupent des enfants et de la maison. Elles cultivent le blé d'Inde, font des provisions pour l'hiver, etc. Champlain précise que les habitations, en forme de tonnelles, sont recouvertes d'écorce et que les villages sont entourés de palissades.

Les écrits de Champlain fournissent encore aujourd'hui des renseignements précieux sur la vie et les coutumes des premiers habitants du pays.

Un riche héritage

D'autres explorateurs — Louis Jolliet, Jacques Marquette et les frères La Vérendrye, par exemple — ont suivi les traces de Champlain. Tous ont fait preuve de ténacité et d'endurance, mais Samuel de Champlain est le seul à avoir dressé une cartographie aussi précise de la Nouvelle-France. C'est aussi le seul qui a écrit sur la nature, les paysages et les peuples, tout en cherchant «un chemin pour aller à la Chine».

Illustrations tirées du premier ouvrage de Champlain : on y voit des Iroquoiens dans des scènes de la vie quotidienne.

James Cook

Le plus grand explorateur du Pacifique

Le capitaine James Cook vers 1776.

Au 18ᵉ siècle, l'Angleterre, comme beaucoup d'autres pays, sillonne le monde à la recherche de terres nouvelles et de richesses. À lui seul, l'Anglais James Cook parcourt des milliers et des milliers de kilomètres en 11 années de voyage. Il est d'ailleurs considéré comme le plus grand navigateur des mers du Sud.

Il faut dire que cet homme passionné a toutes les qualités pour devenir un grand explorateur : c'est un excellent marin, patient, même un peu sévère, ainsi qu'un scientifique rigoureux et méthodique.

Un jeune homme épris de connaissances

James Cook est né en 1728 dans une famille d'agriculteurs. C'est un enfant brillant qui a la chance de faire des études, ce qui est rare à l'époque. À 18 ans, l'« appel de la mer » le mène sur un charbonnier. Il fait son apprentissage de marin dans la marine marchande[1]. Pendant ses loisirs, il étudie seul l'astronomie et les mathématiques. Il apprend à diriger des navires, mais aussi à dessiner des cartes marines.

À 27 ans, James Cook décide de s'engager dans la marine de guerre. Au cours de la guerre de Sept Ans entre la France et l'Angleterre, il navigue jusqu'en Nouvelle-France à titre de maître d'équipage. Il profite de ce voyage pour perfectionner ses connaissances en géométrie et en cartographie. Ses cartes hydrographiques[2] du fleuve Saint-Laurent et des côtes de Terre-Neuve sont d'une précision admirable.

Le début d'une grande carrière

À 40 ans, l'officier Cook a un curriculum vitæ[3] qui impressionne ses supérieurs. Ses exploits de marin, la qualité de ses cartes et ses connaissances en astronomie lui valent d'être nommé commandant de l'expédition

1. Marine marchande : ensemble de navires de commerce.
2. Carte hydrographique : carte qui décrit la configuration des cours d'eau.
3. Curriculum vitæ : informations qu'une personne fournit sur sa formation, ses activités, etc.

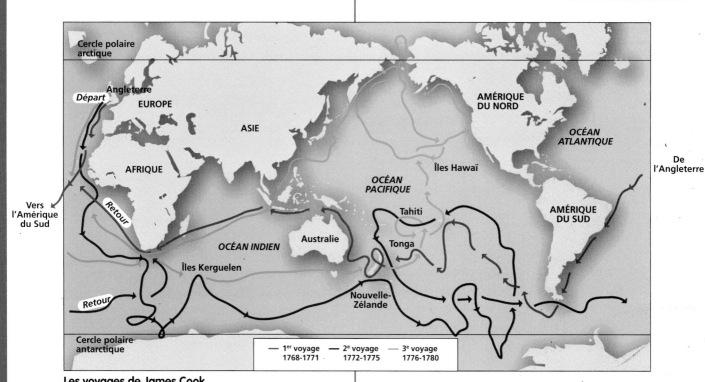

Cercle polaire arctique

Départ
Angleterre
EUROPE

ASIE

AMÉRIQUE DU NORD

OCÉAN ATLANTIQUE

AFRIQUE

Îles Hawaï

OCÉAN PACIFIQUE

De l'Angleterre

Vers l'Amérique du Sud

Retour

Tahiti

AMÉRIQUE DU SUD

OCÉAN INDIEN

Australie

Tonga

Îles Kerguelen

Nouvelle-Zélande

Retour

Cercle polaire antarctique

| | 1er voyage 1768-1771 | 2e voyage 1772-1775 | 3e voyage 1776-1780 |

Les voyages de James Cook

Cook est le premier navigateur a avoir franchi les deux cercles polaires. Il a fait des milliers et des milliers de kilomètres en 11 ans.

organisée par une importante entreprise scientifique. Le but de la mission est d'aller à Tahiti pour observer le passage de Vénus devant le Soleil et d'explorer le Pacifique. De son côté, la marine confie à Cook une mission « secrète » : trouver le continent appelé *Terra australis incognita* (« terre du Sud inconnue »), dont les peuples de l'Antiquité devinaient l'existence.

Ce premier voyage de trois ans (1768-1771) est un succès, même si Cook n'accomplit qu'une partie de sa mission. Il rapporte

Lors de son deuxième voyage, Cook fait une halte à l'île de Pâques où sont ces gigantesques statues qui regardent vers la mer.

des informations sur la planète Vénus et sur les terres du Pacifique. Il a aussi dressé la carte hydrographique de milliers de kilomètres de côtes. Mais pour ce qui est de sa mission « secrète », Cook a bien cherché des indices de la « terre du Sud », mais il ne l'a pas trouvée.

Un deuxième voyage

À peine revenu, Cook pense déjà à repartir. Il veut percer le mystère du continent inconnu en se rendant encore plus loin au sud.

Ces trois autres années d'exploration sont très riches en résultats. Cook découvre une trentaine d'îles et dresse la carte de plusieurs d'entre elles. Il s'arrête notamment à l'île de Pâques, cette île aux statues colossales. Il rapporte encore une fois une foule d'observations sur la faune et la flore du Pacifique. Mais Cook revient avec une certitude : il n'y a pas de continent habitable dans le Pacifique Sud. S'il existe un continent, il est alors entouré de glaces et peuplé de pingouins ! Cook avait atteint les banquises qui bordent l'Antarctique, sans savoir qu'il s'agissait du continent qu'il cherchait.

Un troisième et dernier voyage

Honoré et promu capitaine, Cook accepte de faire un autre voyage. Cette fois, il s'agit de trouver le fameux passage du Nord-Ouest qui relie le Pacifique à l'Atlantique. Cook franchit le cercle polaire arctique, mais il ne trouve pas de passage. Les glaces l'empêchent d'aller plus au nord. Il redescend alors vers le sud et accoste aux îles Aléoutiennes et aux îles Hawaï (en 1778), où il rencontre de nouveaux peuples.

Ce voyage sera difficile sur plusieurs plans et se terminera par la mort de l'explorateur. D'abord, un des navires de Cook nécessite sans cesse des réparations. Ensuite, il doit affronter plusieurs tempêtes. Enfin, le contact avec les habitants des îles se détériore. Au cours de sa première escale à Hawaï, les gens avaient été très accueillants. Ils croyaient que Cook était le dieu dont ils attendaient le retour.

Mais peu à peu, ils s'aperçoivent que Cook et son équipage sont de simples humains. Des incidents de toutes sortes surviennent, la population se fait de plus en plus menaçante et Cook se fait tuer pendant une émeute.

Une partie du monde en héritage

Les 11 années de voyage de James Cook ont permis de mieux connaître le monde. Son apport le plus important, c'est la carte d'ensemble du Pacifique, une partie du monde jusque-là inconnue des Européens. Les scientifiques qui l'ont accompagné ont répertorié des milliers d'espèces de plantes et d'animaux exotiques. Les artistes qui participaient aux voyages ont laissé de superbes peintures et dessins illustrant les habitants, les paysages, la flore et la faune des contrées explorées.

Le capitaine Cook a mené aussi une lutte efficace contre le scorbut durant ses expéditions. Cette maladie était à l'époque l'une des principales causes de mortalité chez les marins. Cook a donc exigé que son équipage observe certaines règles d'hygiène et un régime alimentaire riche en vitamines. Grâce à ces mesures, aucun de ses hommes n'est mort de cette maladie. Sans cette sévérité et cette ténacité, Cook n'aurait peut-être pas réussi aussi bien toutes ses missions.

James Cook avec des membres de son équipage.

Gertrude Bell

Archéologue et aventurière

En 1888, Gertrude Bell a 20 ans. Elle vient de terminer ses études en histoire à la célèbre Université d'Oxford en Angleterre. Elle est très différente des jeunes Anglaises de son époque. À la fin du 19e siècle, les jeunes filles qui viennent de familles riches comme Gertrude n'étudient pas et ne travaillent pas ; elles se marient et fondent une famille. Gertrude Bell a d'autres ambitions. Bien sûr, elle aimerait se trouver un mari, mais elle veut aussi voyager et découvrir d'autres peuples. Et c'est ce qu'elle fera.

Une vie de voyages

À 21 ans, les parents de Gertrude décident de l'envoyer chez un oncle ambassadeur à Bucarest, la capitale de la Roumanie. Elle y rencontre des gens intéressants, des ambassadeurs et des journalistes, entre autres. Les discussions avec ces personnes confirment son désir : elle veut connaître d'autres civilisations, d'autres cultures.

Pendant des années, elle voyage. Elle fait le tour du monde avec son frère, fait de la randonnée pédestre, de l'alpinisme même. Au cours d'un de ces périples, elle rencontre un homme qui lui fait découvrir l'archéologie. Il lui explique que des objets et des monuments datant de plusieurs siècles peuvent aider à comprendre la vie des peuples anciens.

C'est une révélation pour elle. À 30 ans, elle décide qu'elle sera archéologue… dans les pays arabes ! Pour cela, elle doit apprendre la langue. C'est ce que fera cette femme qui parle déjà l'anglais, le français, l'allemand et le turc.

Gertrude Bell se rend dans les Rocheuses, au Canada. On la voit ici sur un glacier.

De déserts en déserts

Il faut parcourir des déserts immenses pour se rendre d'un pays à l'autre, d'une ville à l'autre. Gertrude Bell traverse ces régions à cheval ou à dos de chameau, couchant sous la tente. Parfois, elle voyage de nuit parce qu'il fait trop chaud le jour sous le soleil.

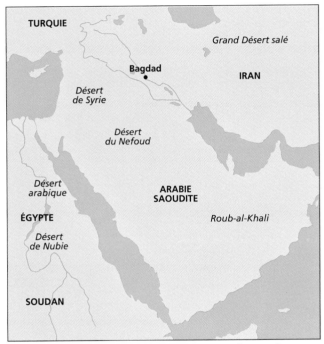

TURQUIE

Grand Désert salé

Bagdad

IRAN

Désert de Syrie

Désert du Nefoud

ARABIE SAOUDITE

Désert arabique

ÉGYPTE

Roub-al-Khali

Désert de Nubie

SOUDAN

Pour aller d'un pays à l'autre dans cette partie du monde, il faut traverser d'immenses déserts.

Des Bédouins l'accompagnent. Ces Arabes nomades lui expliquent quels vents soulèvent des tempêtes, où trouver des provisions… Ils l'aident aussi à distinguer les tribus amies des tribus ennemies.

Avec le temps, Gertrude Bell en vient à connaître les différents groupes qui habitent le désert. Elle partage le repas de leurs chefs, les cheikhs, et discute avec eux. Elle devient même la confidente de certains d'entre eux! Elle se considère comme l'égale des hommes dans ce pays où les femmes vivent séparées des hommes, dans des harems!

Pendant ses périples, Gertrude Bell prend des photos; on compte 7000 photos prises de 1900 à 1918 environ. Elle écrit aussi des articles pour des revues d'histoire et d'archéologie et, surtout, elle rédige son premier livre. En effet, en 1907, elle publie *Le désert et les semailles*, qui porte sur les Bédouins du désert de Syrie. Cet ouvrage, abondamment illustré, la fait connaître dans le monde entier. On applaudit son courage (à cette époque, les habitants de ces déserts sont vus comme des barbares) et son esprit d'analyse. On vante aussi son habileté à entrer en relation avec les peuples du désert.

Archéologue et cartographe

Au cours d'un de ses voyages, elle découvre les ruines d'un château que les Arabes appellent Ukhaidir. Elle le photographie sous tous les angles, dessine des croquis, mesure les dimensions des pièces, des murs et des murailles… Elle a le coup de foudre pour ce palais, chef-d'œuvre de l'art oriental.

L'archéologue à l'œuvre devant les ruines du château d'Ukhaidir en Irak.

En fait, pendant des années, elle explore les coins les plus reculés du désert pour découvrir de nouveaux sites archéologiques. Elle participe aux fouilles d'autres archéologues. Elle travaille aussi à préciser et à corriger des cartes géographiques de ces régions méconnues des Européens. Archéologue, elle devient cartographe.

Mais, ce qui l'intéresse le plus, c'est l'archéologie. Elle y reviendra en 1923 en fondant le Musée de l'archéologie de Bagdad, en Irak. C'est d'ailleurs dans cette ville qu'elle mourra à la veille de ses 58 ans.

Gertrude Bell nous laisse en héritage des milliers de photos, de cartes et de lettres, mais elle nous laisse surtout l'image d'une femme courageuse et déterminée.

Photo prise en 1916 à Bagdad, en Irak. Gertrude est accompagnée de dignitaires anglais et d'un cheikh arabe.

Espionne pour l'Angleterre

Évidemment, on parle de plus en plus de cette femme qui a acquis une connaissance approfondie du désert et des peuples qui l'habitent. Pas étonnant que l'Angleterre pense à elle lorsque la Première Guerre mondiale éclate en Europe en 1914. Les services secrets anglais ont besoin de personnes qui connaissent bien cette région du monde. Gertrude Bell est la personne rêvée… elle deviendra espionne !

Christophe Colomb

Un homme de son temps

Représentation de Christophe Colomb. Il n'existe pas de portrait authentique de l'explorateur.

Christophe Colomb est déjà un navigateur expérimenté et un cartographe connu lorsqu'il entreprend les quatre derniers grands voyages de sa vie. Ces expéditions l'ont mené à la « découverte de l'Amérique » et l'ont rendu célèbre.

Le navigateur italien représente bien la mentalité qui régnait au 15e siècle. Cette période, qu'on appelle aussi la Renaissance, est faite de grandes activités maritimes, d'explorations géographiques et de progrès technologiques importants.

Le commerce international : une pratique ancienne

Certains pays européens, comme le Portugal et l'Espagne, envoient souvent des navigateurs à la recherche d'autres territoires. Ils veulent ainsi s'approvisionner en produits étrangers, trouver de l'or et étendre leurs connaissances du monde.

Mais en 1453, un événement majeur pousse ces pays à trouver de toute urgence un nouveau chemin pour se rendre en Asie. En effet, les Turcs se sont emparés de la ville de Constantinople (aujourd'hui Istanbul). Ils contrôlent donc la route qui mène à l'Asie. Les voyages vers cette partie du monde sont dorénavant beaucoup plus risqués. Les marchandises qu'on allait chercher là-bas, soit les pierres précieuses, la soie, le thé et les épices, commencent à manquer.

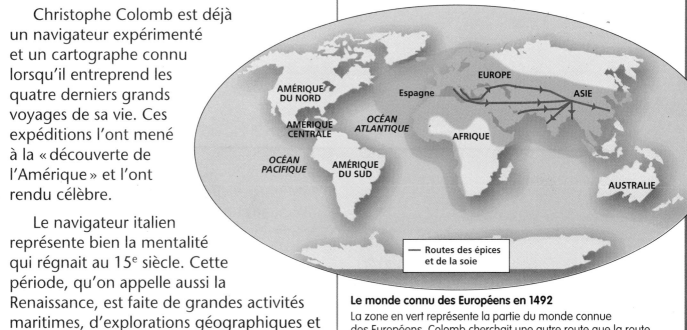

Le monde connu des Européens en 1492

La zone en vert représente la partie du monde connue des Européens. Colomb cherchait une autre route que la route de la soie pour se rendre en Asie.

La course aux épices

Les épices étaient très recherchées à cette époque. Elles servaient à préparer des remèdes et à conserver les aliments périssables comme la viande. On les utilisait aussi pour masquer le goût de la nourriture lorsqu'elle était avariée ! Rappelons-nous qu'il n'y avait pas de réfrigérateur à cette époque ! Quant à la soie que l'on prenait en Chine, elle servait à confectionner les vêtements des gens riches. Bref, les produits d'Orient étaient recherchés et donnaient lieu à un véritable commerce international.

Des erreurs de calcul au destin exceptionnel

Le 3 août 1492, Christophe Colomb met les voiles. Il pense trouver la route des Indes de l'autre côté de l'Atlantique ! Au cours de cette traversée qui n'en finit plus, le commandant est penché sur ses cartes du monde, compas en main, et il effectue des calculs compliqués.

Les trois navires de Christophe Colomb. De gauche à droite : la *Niña*, la *Santa Maria* et la *Pinta*.

Une chance à saisir

Cette pénurie de marchandises motive les Européens à trouver une nouvelle route vers l'Asie. Le pays qui va y arriver sera puissant et riche. Christophe Colomb décide de se lancer dans l'aventure. Il convainc le roi et la reine d'Espagne qu'il peut trouver le fameux passage des Indes et leur apporter gloire et fortune. Les souverains acceptent de financer l'expédition. Ils le nomment vice-roi d'Espagne en signe de confiance.

Tous les jours, il évalue la distance parcourue. Il mesure sa vitesse à l'aide d'un sablier, en jetant un objet flottant à la mer. Avec une telle méthode, il n'est pas étonnant que de petites erreurs se soient glissées dans ses calculs...

Le 12 octobre suivant, Colomb accoste sur une île des Bahamas. Il la baptise San Salvador. Comme il est convaincu d'avoir atteint les Indes, il appelle les habitants de l'île les « Indiens ».

Colomb effectue trois autres missions sur ce continent pour le compte du roi d'Espagne. Celui-ci commence cependant à trouver que ces expéditions coûtent cher et ne lui rapportent pas grand-chose ! Ces derniers voyages permettent toutefois à Colomb de découvrir Cuba, Haïti, la Guadeloupe. Il dessine aussi une nouvelle carte du monde qui permettra à d'autres navigateurs de suivre ses traces.

Gravure illustrant la prise de possession de San Salvador par Christophe Colomb.

Le Nouveau Monde

Au cours de l'histoire, on a souvent fait des découvertes par hasard. C'est ce qui est arrivé, par exemple, aux premiers humains qui ont découvert le feu en frottant deux pierres l'une contre l'autre pour se fabriquer des outils pointus. C'est aussi ce qui est arrivé à Christophe Colomb. Il cherchait l'Asie, il a trouvé l'Amérique.

Christophe Colomb meurt en 1506, toujours persuadé d'avoir atteint l'Asie. Ce n'est que 20 ans après sa mort que d'autres explorateurs ont saisi l'ampleur de sa découverte. Christophe Colomb avait changé la face du monde ; il avait découvert un continent, l'Amérique !

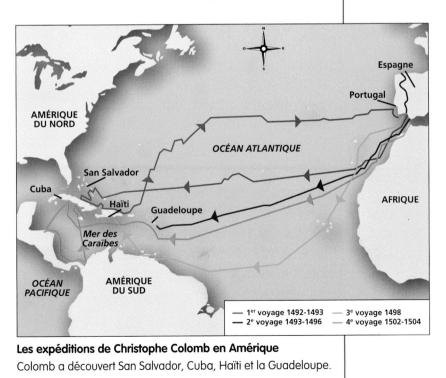

Les expéditions de Christophe Colomb en Amérique
Colomb a découvert San Salvador, Cuba, Haïti et la Guadeloupe.

Isabelle Autissier

La passion de la mer

Seule sur son voilier de course, Isabelle Autissier file sur l'océan, heureuse comme un poisson dans l'eau. Elle sait lire le vent sur la mer et trouver sa route à l'aide des étoiles. Fera-t-il tempête? La mer sera-t-elle calme? Isabelle devine la météo en observant les nuages. Comprendre les nuages lui permet de diriger son voilier au bon endroit, là où la météo sera la plus favorable. Bien sûr, les instruments de navigation lui sont aussi très utiles!

Isabelle est une experte des courses en solitaire autour du monde. Ce sont les compétitions les plus exigeantes pour un marin. Seule sur son bateau, il lui faut tout faire!

Isabelle n'a pas gagné de course, mais elle a battu des records: première femme à avoir fait une course autour du monde en solitaire; seule femme à avoir participé à la grande course du *Boc Challenge*; record de

vitesse sur le parcours de la *Route de l'or.* En plus, elle a franchi le passage périlleux du cap Horn à trois reprises.

Courage? Ténacité? Témérité? Avant tout, Isabelle Autissier aime la mer avec passion!

La passion de la mer dès l'enfance

Isabelle Autissier naît à Paris, en France, en 1956. Avec sa famille, elle passe tous ses étés en Bretagne, au bord de la mer. La Bretagne, c'est la mer, les rochers, les plages, les coquillages, les quais, les bateaux, les marins et les pêcheurs…

Isabelle a six ans quand ses sœurs l'emmènent en mer la première fois, à bord d'un petit voilier qu'on appelle un dériveur. Ça fait longtemps qu'elle rêve de quitter le rivage… Isabelle prend goût à l'immense sentiment de liberté qui anime tous les navigateurs… Déjà, elle sait que la mer aura une grande importance dans sa vie.

D'ingénieure à navigatrice

Isabelle devient vite une *skipper*[1] talentueuse. Et, comme elle s'intéresse à tout ce qui concerne la mer, elle choisit d'être ingénieure dans les techniques de la pêche. Elle s'installe à La Rochelle, une jolie ville française située sur l'Atlantique. Puis, elle

---

1. Une *skipper* est une personne qui commande un équipage sur un voilier de course.

s'offre une croisière d'une année sur son premier bateau, nommé *Parole*, un voilier qu'elle a construit elle-même.

En 1987, Isabelle participe à sa première course en solitaire sur l'océan Atlantique. Elle remporte la première manche, puis finit troisième au classement. En 1991, au retour d'une course autour du monde, elle prend une décision importante : elle devient navigatrice de course à plein temps.

Isabelle Autissier sur son *Écureuil-Poitou-Charentes*.

Peu d'hommes, et encore moins de femmes, font le tour du monde en passant par la mer. L'aventure comporte des dangers énormes. Et le faire en solitaire, c'est tout un défi !

Défi et dangers : l'aventure en solitaire autour du monde

Le vent peut faire avancer un voilier très rapidement. Mais il peut aussi soulever la mer avec violence. Parfois, il y a des drames.

En 1995, alors qu'elle file en tête de la course *Boc Challenge*, le mat et le toit de la cabine de son bateau sont arrachés par une vague puissante. Isabelle est secourue par un hélicoptère australien. En 1997, pendant la course *Vendée Globe*, Isabelle tente d'aller sauver Gerry Roufs dont le bateau a chaviré dans la tempête. Mais la mer est si déchaînée qu'Isabelle doit renoncer au sauvetage. Gerry disparaît, emporté par les vagues.

En 1999, c'est le bateau d'Isabelle qui chavire. Elle se réfugie dans son canot de sauvetage et est rescapée par un autre compétiteur, Giovanni Soldini.

Isabelle n'abandonne jamais. Toutes les fois qu'elle éprouve des difficultés, elle tente par tous les moyens de finir la course. Même quand elle est certaine de ne pas la gagner. Son défi, c'est de finir ce qu'elle a commencé. Sa motivation, c'est de comprendre et d'apprivoiser la mer, le vent, le bateau…

Et la peur ?

Sa crainte la plus grande : tomber à l'eau et voir le bateau continuer sans elle ! Mais seule sur son embarcation, Isabelle est tellement occupée qu'elle n'a pas le temps d'avoir peur.

La vie après la course : encore des défis !

Après 10 ans de course en mer, Isabelle envisage maintenant de passer à autre chose. Ses projets ? Ouvrir une école de voile, reprendre sa carrière d'ingénieure, enseigner, s'engager plus intensément dans des causes comme la Ligue des droits de la personne. Isabelle est marraine des Classes de mer, parce que, dit-elle, elles « offrent du bonheur aux enfants » et qu'elles leur permettent de « réaliser un rêve ».

Isabelle Autissier est un modèle de détermination et de dépassement de soi.

Certains aiment gravir des montagnes, d'autres choisissent d'affronter la mer, souvent déchaînée.

Qu'est-ce qu'une course en solitaire ?

Il s'agit d'une compétition où chaque participant est seul sur son bateau. Dans certains cas, comme dans la course *Vendée Globe*, le navigateur peut passer plus de 100 jours en mer. Il peut communiquer avec son équipe, restée à terre, et avec les autres participants de la course. Mais il est seul pour prendre les décisions et pour effectuer les manœuvres sur son bateau. Tout un défi !

Le passage du cap Horn

Le cap Horn est situé à l'extrémité sud de l'Amérique du Sud. C'est vis-à-vis du cap Horn qu'on passe de l'océan Atlantique à l'océan Pacifique, et vice-versa. Pour les navigateurs, le passage de ce cap est une étape périlleuse. À cet endroit, la mer est toujours extrêmement agitée.

Les courses portent des noms

Transat (traversée de l'Atlantique), *Vendée Globe* (course autour du monde en solitaire, sans escale et sans assistance), *Route de l'or* (course entre New York et San Francisco), *Boc Challenge* ou *Around Alone* (course autour du monde en solitaire avec quatre escales). Les courses durent parfois plus de 100 jours et exigent des mois de préparation.

Projet 3

Sur le bout de la langue

L'histoire du français

Selon les savants, le langage des humains daterait d'il y a 100 000 ans environ. Les premiers humains vivaient en groupes et ils auraient développé le langage pour communiquer entre eux. Comme ces groupes vivaient parfois loin les uns des autres, différentes langues se sont formées.

La famille indo-européenne

Pour faire l'histoire d'une langue, on cherche les liens de parenté qu'elle peut avoir avec d'autres langues. Ainsi, on sait que le français fait partie d'une grande famille de langues que l'on appelle les langues «indo-européennes». Cette grande famille se divise en langues «germaniques» (comme l'anglais et l'allemand), «slaves» (comme le russe et le polonais) et «romanes» ou latines (comme le français, l'italien, l'espagnol, etc.).

Les langues germaniques étaient parlées par les habitants du centre et du nord de l'Europe. Les langues slaves étaient parlées par les peuples qui vivaient à l'est de l'Europe. Quant aux langues latines, elles étaient parlées par les peuples qui vivaient plus au sud de l'Europe.

L'arbre des langues indo-européennes

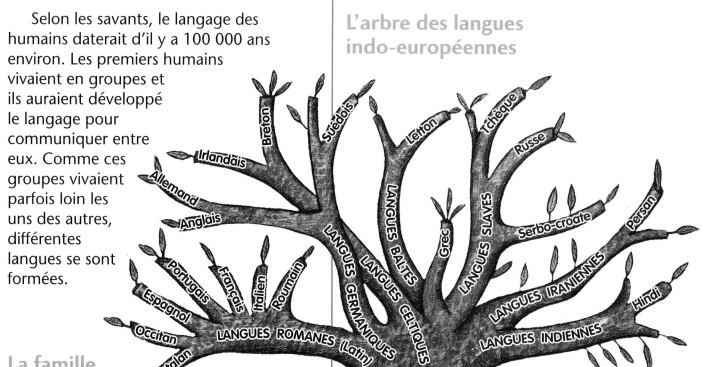

Voici un aperçu de l'«arbre» des langues indo-européennes. Seule la branche des langues romanes est complète.

Le règne du latin

Les populations qui se sont installées en Gaule, au 4e siècle avant notre ère, parlaient le gaulois : une langue d'origine indo-européenne qui n'existe plus. La Gaule, qui occupait à peu près le territoire actuel de la France, a été envahie par les Romains trois siècles plus tard. Les Romains, qui parlaient le latin, ont imposé leur langue.

Dans toute la Gaule, on s'est donc mis à parler latin. Mais on a conservé certains mots gaulois. Ainsi, on a gardé le mot *lieue*, qui signifiait une mesure de longueur. Une lieue représentait environ 4 kilomètres. Alors, quand on parle d'un géant qui portait des « bottes de sept lieues », on veut dire qu'il faisait 28 kilomètres en une seule enjambée. Tout un géant !

La naissance du français

Avec le temps, le latin parlé en Gaule s'est transformé en une nouvelle langue qui est devenue le français. Mais attention ! Ce n'est pas encore le français que l'on parle de nos jours. Le français de cette époque est appelé « ancien français ». D'ailleurs, le premier texte écrit en ancien français est publié au 9e siècle : les *Serments de Strasbourg*. Voici un extrait d'un autre texte en ancien français publié entre le 12e et le 13e siècle ; ce texte s'intitule *Le roman de Renart*.

Page illustrée du *Roman de Renart*. Cette œuvre a connu un très grand succès pendant plusieurs siècles.

Comme on peut le voir, cet ancien français est très difficile à comprendre pour nous. Comme toutes les langues, il s'est modifié au cours des siècles. Il a évolué vers ce que l'on a appelé le « moyen français » avant de devenir le français moderne que nous connaissons.

En ancien français

Et Renars li a respondu :
« N'en faites ja chiere ne frume,
Bien vous en dirai la coustume :
Quant li uns va, li autres vient,
C'est la coustume qui avient. »

En français moderne

Et Renart lui a répondu :
« Ne faites pas la moue ni la grimace,
je vais vous expliquer la coutume :
quand l'un va, l'autre vient,
ainsi le veut l'usage. »

Le latin qui était parlé en Gaule était différent selon les régions. Par exemple, dans le Nord, on parlait les langues d'oïl, ainsi appelées parce que *oui* se disait oil. Dans le Sud, on parlait les langues d'oc puisque *oui* se disait oc.

Le français de Jacques Cartier

Au milieu du 16ᵉ siècle, Jacques Cartier, explorateur de la Nouvelle-France, fait le récit de ses découvertes dans le français de cette époque. Voici un extrait de son récit, qui illustre bien la transition entre l'ancien français et le français d'aujourd'hui :

« Le septième jour dudit mois, jour de Notre-Dame, après avoir ouï la Messe, nous partîmes de la dite Isle pour aller àmont le dit fleuve, et vînmes à quatorze Isles qui estoient distantes de la dite Isle ès Coudres de sept à huit lieuës [...] »

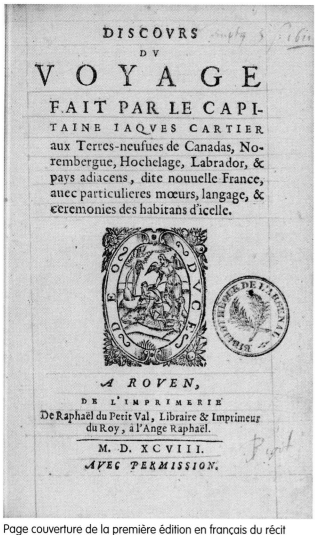

Page couverture de la première édition en français du récit du premier voyage de Jacques Cartier.

Après les premiers voyages de Cartier en Nouvelle-France, la vallée du Saint-Laurent a commencé à se peupler de colons français. Ceux-ci ont apporté avec eux la langue qu'ils parlaient dans leur région d'origine. On trouve encore au Québec des mots comme « greyer », « achaler » ou « barrer », qui ont disparu depuis fort longtemps en France.

Encore aujourd'hui, le français parlé au Québec et ailleurs au Canada, en Acadie par exemple, est différent du français parlé en France. Malgré la puissance des moyens de communication, qui entraînent une certaine uniformité de la langue, les différences entre les régions demeurent marquées, surtout en ce qui a trait au français parlé.

Du latin au français

Le français vient du latin, dit-on. C'est vrai, du moins dans une large proportion, car un grand nombre de mots français ont pour origine des mots latins ; les autres mots proviennent de langues diverses.

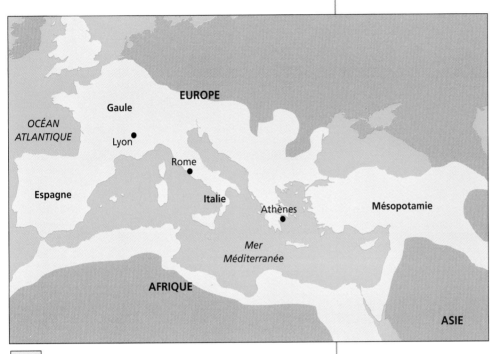

L'Empire romain au 2ᵉ siècle.

Alors pourquoi parlons-nous français et non latin ? Au début de notre ère, Rome avait conquis d'immenses territoires et elle avait peu à peu imposé sa langue, le latin. À mesure que son empire s'est étendu, le latin s'est modifié. En effet, en s'éloignant les unes des autres, les populations romaines ont vu leur langue se différencier. Ainsi, le latin est devenu l'espagnol en Espagne, le portugais au Portugal et le français en France.

Amusons-nous à observer comment le latin a servi à construire certains mots français...

Au village ou en ville ?

Chez les Romains, une *villa* était une ferme ou une maison située à la campagne. Peu à peu, le mot a pris le sens de « village », c'est-à-dire un regroupement de maisons. Beaucoup plus tard, *villa* est devenu *vile* en ancien français, puis *ville* en français moderne, qui a pris le sens qu'on lui connaît aujourd'hui.

Les Romains utilisaient le mot *urbs* pour parler d'une ville ; la racine du mot est restée dans l'adjectif français *urbain*. Le mot *villa*, qui signifie encore

Peinture murale du 4ᵉ siècle, représentant une villa (maison de campagne) romaine.

Ruines de Pompéi, ville (*urbs*) d'Italie ensevelie sous les cendres en l'an 79.

D'autres mots...

Les mots français suivants ont conservé eux aussi la trace de leur origine : *festivité, festival, festin*. Ces mots sont tous formés à partir de l'expression latine *festa dies*, qui signifiait « célébration, réjouissance lors d'un événement religieux ».

Quelques règles générales

En latin, un grand nombre de mots comprenaient une voyelle suivie de la consonne **s** : *festa, bestina, insula*, etc. Cette association de lettres a persisté en ancien français ; par contre, en français moderne, elle a été remplacée par une voyelle avec un accent circonflexe : **ê, â** ou **î**. Ainsi, *bestia* et *festa* ont d'abord pris la forme *beste* et *feste* avant de devenir *bête* et *fête*. *Insula* est devenu *isle* en ancien français, puis *île* en français moderne.

On remarque aussi que le français a souvent adouci par un *e* muet la finale en *-a* des mots latins. L'italien et l'espagnol ont conservé cette finale. Par exemple, *fête* se dit *fiesta* en espagnol et *festa* en italien.

En établissant ainsi des liens de parenté entre les mots, on peut retourner à leur source pour découvrir ce qu'ils signifiaient et comment ils se prononçaient il y a très longtemps. Ce travail de recherche très intéressant correspond à une science : l'étymologie.

« ferme » ou « maison de campagne » en italien, a été repris plus tard par le français pour désigner une riche maison de campagne.

Une histoire d'enfant !

Chez les Romains de l'Antiquité, un *infans* était un enfant en très bas âge qui ne parlait pas encore. Le préfixe *in-* correspond à la négation « pas » et *-fans* vient d'une vieille racine indo-européenne, *-fa*, qui signifie « parler ». *Infans* est devenu *enfant* en français. Le mot *infantile* est d'ailleurs construit à partir de *infans*. Toujours chez les Romains, un enfant de 6 à 14 ans était appelé *puer*. Cette racine est restée dans l'adjectif français *puéril*, qui qualifie des actions, des paroles ou des gestes qui ne sont pas dignes d'une personne adulte.

Les mots voyagent

Toutes les langues évoluent. Le vocabulaire en particulier s'enrichit continuellement. Certains mots disparaissent, d'autres changent de forme et prennent un autre sens ; leur prononciation aussi subit des modifications. Il y a plusieurs raisons à cela. D'abord, les êtres humains ont toujours besoin de nommer les réalités du monde qui les entoure. De plus, les peuples voyagent, changent de territoire. Lorsqu'ils s'installent dans un autre lieu, ils sont en contact avec des réalités nouvelles, avec des peuples qui parlent d'autres langues. Ces langues s'influencent alors les unes les autres.

Il y a près de 2000 ans, les Romains ont emprunté des routes semblables, qui les ont menés jusqu'en Gaule.

Observons comment une langue s'enrichit de nouveaux mots lorsqu'elle voyage.

Les premiers voyages

Il y a plusieurs milliers d'années, des peuples qui habitaient dans le sud-est de la Russie actuelle se sont dispersés dans toute l'Europe. Ils parlaient des langues semblables, qu'on appelle « langues indo-européennes ». Chaque peuple, en s'éloignant des autres, a vu sa langue se différencier de celle des autres peuples. C'est ainsi que sont nés le latin, près de la mer Méditerranée, et le saxon, plus au nord-est.

À leur tour, ces langues ont voyagé et se sont transformées en d'autres langues. Le latin a donné entre autres le français, l'espagnol, l'italien et le portugais ; le saxon, lui, a donné l'allemand et l'anglais, par exemple. Certains mots portent les traces de tous ces voyages : ils ont un petit air de famille ! C'est le cas du mot *mère* en français, *madre* en italien et en espagnol, *mother* en anglais et *Mutter* en allemand. On reconnaît aussi dans l'adjectif français *maternel* le mot latin *mater*, qui signifie « mère ».

L'héritage de la Gaule

Quand les Romains ont envahi la Gaule[1], au 1er siècle avant notre ère, ils ont imposé leur langue, le latin, aux populations conquises. Les Gaulois se sont mis à parler latin, mais certains de leurs mots ont survécu et ont été intégrés à la langue

1. Gaule : ancien nom de la France.

française. Ils sont encore utilisés aujourd'hui. Prenons l'exemple des mots *boue*, *éboueur* et *arpent*.

Le mot *boue* vient du mot gaulois *bawa*, qui signifiait « saleté ». *Éboueur* provient du même mot gaulois et désigne une personne qui ramasse les ordures ménagères. Autrefois, l'éboueur enlevait non seulement les ordures, mais aussi la boue et la saleté des voies publiques.

Le mot *arpent*, qui correspond à une mesure gauloise, a été abandonné en France, mais les premiers colons français l'ont introduit en Nouvelle-France, où il est resté très longtemps en usage. Les mots *arpenter* et *arpentage*, formés tous deux à partir de *arpent*, sont encore utilisés en français du Québec. La majorité des mots d'origine gauloise appartient au vocabulaire de la campagne. Les mots *bouc*, *chèvre*, *mouton*, *ruche* et *chemin* en sont d'autres exemples.

Colon de la Nouvelle-France ensemençant ses quelques arpents de terre.

Il n'y a pas que les Romains qui sont venus s'installer en Gaule. Les Francs, un peuple d'origine germanique, ont aussi occupé ce territoire. La langue a subi leur influence. Par exemple, le mot *hockey* vient du francique, la langue des Francs. Ce mot a pour origine le mot *hôk*, qui voulait dire « crochet ». En ancien français, *hôk* est devenu *hocquet*, qui désignait un bâton fourchu. Les Anglais ont emprunté ce terme, qui est réapparu plus tard en France et ensuite au Québec.

Des bonbons et des chiffres... arabes !

Au Moyen Âge, les Arabes commerçaient avec d'autres peuples établis autour de la Méditerranée. En introduisant des produits comme le sucre en Europe, ils ont introduit le mot qui désignait ces produits. Ainsi, ce qu'on appelait *sukkar* en arabe est devenu *sakkharon* en grec, *saccharus* en latin, *zucchero* en italien et *sucre* en français moderne.

Sucre candi, en ancien français, désignait du sucre formé de gros cristaux. Ce terme a donné naissance au mot anglais *candy*, qui désigne toutes sortes de bonbons faits avec du sucre.

Le peuple arabe comptait de nombreux savants. Leur science et leur érudition ont beaucoup influencé l'Europe du Moyen Âge. Les Arabes ont introduit le mot *sifr*, qui voulait dire « vide ». En italien, ce mot est devenu d'abord *zefiro*, puis *zero*. Le mot français *zéro* ressemble beaucoup à ce dernier terme. Le mot *sifr* est aussi entré dans le vocabulaire latin du Moyen Âge sous la forme de *sifra*; plus tard, il s'est transformé en *sifre* pour finalement devenir *chiffre*.

De la France au Québec

Les colons français venus s'installer dans la vallée du Saint-Laurent ont apporté avec eux la langue qu'ils parlaient dans leur région d'origine. À cette époque, chaque région de France avait sa manière de parler. Le mot *achaler*, par exemple, faisait partie de la langue populaire de l'ouest et du nord-ouest de la France. Il voulait dire « animer, attiser le feu » et provenait de *chaloir*, un vieux verbe qui signifiait « chauffer ». Le mot *achaler* a aussi pris le sens de « déranger, importuner quelqu'un », qu'il a conservé jusqu'à ce jour au Québec. Ce sens n'apparaît pas dans les dictionnaires de France, mais on le trouve dans certains dictionnaires du Québec.

Les peuples voyagent : ils se déplacent, occupent de nouveaux territoires... Leurs langues, mises en contact les unes avec les autres, s'influencent et évoluent peu à peu.

Comme on l'a vu, certains des changements que subissent les mots mettent beaucoup d'années à s'accomplir. Mais d'autres mots apparaissent dans la langue presque instantanément. C'est le cas des mots empruntés directement à une autre langue : par exemple, le mot *pizza*, qui a été emprunté tel quel à l'italien et qui n'a subi aucune modification. C'est le cas aussi des nouveaux mots forgés à partir de mots existants pour décrire une nouvelle réalité, par exemple, le mot *télécommande* apparu en 1945.

Que les mots franchissent de longues distances ou non, les langues évoluent et changent, au fil du temps.

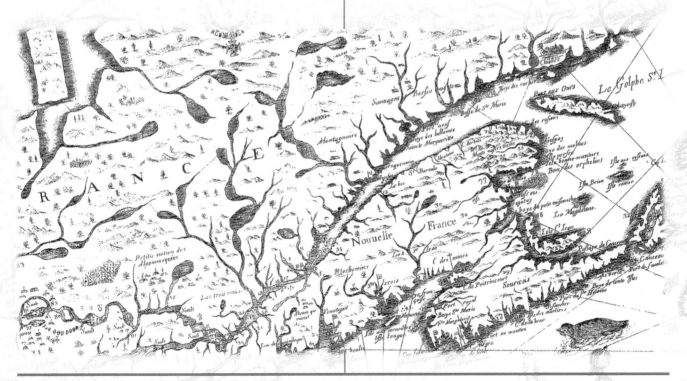

Les noms des jours et des mois

Il est fréquent que des mots français, italiens et espagnols se ressemblent. C'est le cas des noms qui désignent les jours et les mois. Cela n'a rien d'étonnant puisque ces trois langues sont parentes. Remontons donc à l'origine de ces mots, c'est-à-dire au latin, langue des Romains de l'Antiquité, pour en savoir plus sur les liens qui les unissent.

Le nom des jours

Les Romains de l'Antiquité employaient deux mots pour désigner chaque jour de la semaine : le mot latin *dies*, qui signifie «jour», et le nom d'une planète. À l'époque, les Romains connaissaient sept planètes : le Soleil, la Lune, Mars, Mercure, Jupiter, Vénus et Saturne. Voici à quoi correspondaient les jours.

Dimanche
Jour du Soleil

Lundi
Jour de la Lune

Mardi
Jour de Mars

Mercredi
Jour de Mercure

Le français a conservé la syllabe *-di* du latin dans tous les noms des jours. Par contre, cinq noms seulement, soit *lundi*, *mardi*, *mercredi*, *jeudi* et *vendredi*, ont conservé des traces du nom de planète. Les mots *samedi* et *dimanche* ont été transformés. Que s'est-il produit ?

Le mot *samedi* en anglais, soit *Saturday*, a gardé des traces de la planète Saturne. Par contre, en français, en italien et en espagnol, il a pris le sens de *jour du sabbat*[1]. En ancien français, cette expression est devenue *samedi*, ce qui signifiait aussi «septième jour».

Dimanche a gardé le sens de *jour du Soleil* en anglais (*Sunday*) et en allemand (*Sonntag*). Dans les langues latines, ce sens est disparu. Sous l'influence de la religion chrétienne, le jour du Soleil est devenu le jour du Seigneur : *dies dominicus*. Ce terme a à son tour subi des transformations : il est d'abord devenu *diominicu*, ensuite *diemenche* en ancien français, puis *dimanche* en français moderne.

Samedi
Jour de Saturne

Jeudi
Jour de Jupiter

Vendredi
Jour de Vénus

---

1. Dans la religion juive, le sabbat est un jour (le samedi) de repos réservé à la prière.

Les jours

Latin	Français	Italien	Espagnol
dies dominicus	dimanche	domenica	domingo
lunæ dies	lundi	lunedì	lunes
martis dies	mardi	martedì	martes
mercurii dies	mercredi	mercoledì	miércoles
jovis dies	jeudi	giovedì	jueves
veneris dies	vendredi	venerdì	viernes
sabatti dies	samedi	sàbato	sábado

Ce tableau montre les transformations des expressions latines désignant les jours dans plusieurs langues d'origine latine.

Le nom des mois

Dans l'ancien calendrier romain, certains mois étaient dédiés à des dieux comme Mars, dieu de la guerre, de la végétation et du printemps, et Maia, déesse de la fécondité.

En l'an 45 avant notre ère, Jules César a fait une réforme du calendrier. Plusieurs mois ont alors changé de nom. Juin, juillet et août ont été dédiés à des personnages importants de l'histoire de Rome : Junius, Julius (Jules César) et Auguste.

On constate que le mot *septembre*, qui contient le mot *sept*, désigne pourtant le neuvième mois de l'année. Même chose pour le mot *octobre* : il désigne le dixième mois et est pourtant construit à partir du latin *octo*, qui veut dire « huit ». La raison en est simple. L'ancienne année romaine commençait en mars ; septembre était donc le septième mois de l'année et octobre, le huitième.

Les noms donnés aux mois à l'époque des Romains ont été maintenus jusqu'à aujourd'hui. Comme le montre le tableau suivant, ces noms se ressemblent dans certaines langues d'origine latine.

Les mois

Latin	Français	Italien	Espagnol
januarius	janvier	gennaio	enero
februarius	février	febbraio	febrero
martius	mars	marzo	marzo
aprilis	avril	aprile	abril
maius	mai	maggio	mayo
junius	juin	giugno	junio
julius	juillet	luglio	julio
augustus	août	agosto	agosto
september	septembre	settembre	se(p)tiembre
october	octobre	ottobre	octubre
november	novembre	novembre	noviembre
december	décembre	dicembre	diciembre

Les mots évoluent à travers les âges. Comme on vient de le voir, beaucoup gardent cependant une trace de leur origine...

Des expressions toutes faites

On entend parfois des expressions dont le sens ne saute pas aux yeux ! Quelques-unes d'entre elles sont même énigmatiques. Souvent, ces expressions existent depuis fort longtemps...

À la queue leu leu

Le sens de l'expression *à la queue leu leu* est bien connu. Le *leu* était un loup en ancien français. *Marcher à la queue leu leu* veut donc dire « marcher les uns derrière les autres », comme le font les loups. L'expression se disait anciennement *à la queue le leu*. Très tôt, une erreur s'est glissée et l'expression *à la queue le leu* est devenue *à la queue leu leu.*

Oui, oui ! Les loups avancent bien à la queue leu leu !

Donner sa langue au chat

Autrefois, l'expression *jeter quelque chose aux chiens* voulait dire « cesser de s'occuper de cette chose, ne plus lui accorder d'importance ». Avec les années, les siècles même, l'expression s'est complètement transformée pour devenir *donner sa langue au chat* ! Elle a aussi pris un sens particulier. Aujourd'hui, *donner sa langue au chat* s'utilise quand on abandonne la partie après avoir cherché en vain la réponse à une devinette. On signifie alors qu'on n'accorde plus d'importance à la solution, qu'on ne la cherche plus.

Bayer aux corneilles

Bayer est une autre forme du vieux verbe français *béer*, qui signifie « avoir la bouche ouverte ». Lorsqu'une personne regarde en l'air, sans rien faire, la bouche ouverte, on dit qu'elle *baye aux corneilles.*

L'adjectif *bée* dans l'expression *bouche bée* vient aussi du verbe *béer* et signifie « largement ouverte ». On dit d'une personne qui a la bouche ouverte de surprise, d'étonnement, qu'elle est *bouche bée.*

Le verbe *bayer* est parfois confondu avec son homonyme *bâiller*, qui a la même origine et qui signifie «ouvrir la bouche involontairement parce qu'on s'endort, qu'on s'ennuie, etc. ».

Mettre la table

Tous les jours, on parle de *mettre la table*, et pourtant la table est déjà bien en place sur ses quatre pieds! En fait, il s'agit là d'une très vieille expression qui remonte au Moyen Âge. À cette époque, la table était une planche qu'on installait sur des tréteaux. Comme les maisons étaient petites et les familles, nombreuses, on mettait et on enlevait la table et les bancs à chaque repas.

Ménager la chèvre et le chou

Il y a souvent des chèvres dans les histoires anciennes. La chèvre représente un animal vorace et le chou, un aliment qu'elle aime beaucoup. Il s'agit donc de deux ennemis qui s'opposent: le fort et le faible. Le verbe *ménager* avait autrefois le sens de «conduire» ou de «diriger», et non pas son sens actuel d'«épargner». Quelqu'un qui sait *ménager la chèvre et le chou* sait agir avec prudence, sans prendre le parti de quiconque dans une dispute ou une affaire difficile.

Dans une énigme très ancienne, il est justement question d'une chèvre, d'un chou et d'un loup. Un homme doit transporter loup, chèvre et chou de l'autre côté d'une rivière. Mais le pont est si étroit ou la barque si fragile, qu'il ne peut faire traverser qu'un passager à la fois. Bien entendu, il ne doit pas laisser la chèvre seule avec le chou, ni le loup seul avec la chèvre. Comment s'y prendra-t-il pour faire traverser les trois sans qu'aucun ne soit mangé?

Eurêka!

Ceux et celles qui ont trouvé la solution de l'énigme précédente peuvent crier *eurêka*! Les autres doivent donner leur langue au chat!

Eurêka est un mot grec qui signifie «j'ai trouvé». On raconte qu'Archimède, un géomètre grec, aurait fait une importante découverte[1] scientifique pendant qu'il prenait son bain. Il serait alors sorti de l'eau en criant: «Eurêka!» Depuis, quand on trouve une solution, une bonne idée, on crie: «Eurêka!»

_____

1. Archimède a découvert pourquoi ses membres pesaient moins lourd dans l'eau que dans l'air.

Des mots et des jeux

Tout au long de l'histoire, l'être humain a trouvé de nombreuses façons de se divertir : arts, sports, jeux, etc. Les jeux littéraires, c'est-à-dire ceux qui se jouent avec les mots, le séduisent depuis les temps les plus reculés. Certains de ces jeux sont quelque peu oubliés de nos jours, d'autres continuent de nous passionner.

L'énigme, la charade et le rébus

L'**énigme** ou la **devinette** est un jeu qui consiste à deviner une chose définie de façon obscure. Dans les sociétés de tradition orale, c'est-à-dire les sociétés où l'écriture n'était pas encore connue, l'énigme servait souvent à éveiller l'esprit des jeunes appelés à recevoir les connaissances des aînés. Tous les peuples anciens ont des légendes où le héros doit, pour échapper à la mort, résoudre une énigme. Voici un exemple d'énigme : « Quel animal a quatre pieds le matin, deux à midi, et trois le soir ? » La solution : l'être humain. En effet, dans l'enfance, celui-ci se traîne sur quatre membres ; à l'âge mûr, il marche debout ; au moment de la vieillesse, il s'appuie sur un bâton.

La **charade** a commencé à s'imposer vers la fin du 18e siècle, en France. Elle consiste à décomposer un mot en syllabes ou en parties ayant chacune leur signification. À partir de définitions, il s'agit de retrouver les différentes parties du mot, puis le mot tout entier. Voici un exemple de charade.

Mon premier est une note de musique.
Mon second est une partie de l'arbre.
Mon tout est un fruit.

(Solution à la page 184.)

Le **rébus** tire son nom d'une curieuse coutume qui existait au 15e siècle, en Picardie[1]. Pendant le carnaval, des jeunes gens instruits s'amusaient à publier de courts écrits *de rebus quæ geruntur* (en français, « au sujet des choses qui se passent »). Ces écrits contenaient des dessins qui représentaient toutes sortes de faits scandaleux.

Le rébus consiste en une suite de petits dessins, de chiffres ou de lettres qui représentent un mot ou une phrase à déchiffrer. Voici un exemple classique de rébus.

(Solution à la page 184.)

Les mots croisés et le scrabble

Le jeu des **mots croisés** date des premières années du 20e siècle. C'est le Britannique Arthur Wynne qui l'a inventé en jouant à un autre jeu, celui des mots carrés[2].

En effet, un jour où il n'arrivait pas à combler toutes les cases de sa grille, il a eu l'idée de noircir celles qu'il ne pouvait remplir.

---

1. La Picardie est une région de France.
2. Les mots carrés sont très anciens. Ce jeu consiste à trouver des mots à partir de définitions. Chaque mot doit figurer horizontalement et verticalement.

Le jeu des mots croisés consiste, à partir de définitions, à trouver des mots et à les insérer horizontalement ou verticalement dans les cases d'une grille. Chaque lettre d'un mot disposé horizontalement doit servir à composer un autre mot disposé verticalement. Voici un exemple de mots croisés.

Horizontalement
1. Circulaire.
2. Gros perroquet.
3. ...
4. ...

Verticalement
1. Femelle du rat.
2. Qui se transmet par la parole.
3. ...
4. ...

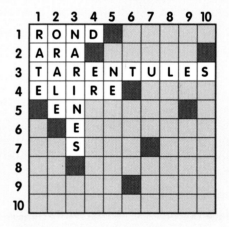

Le **scrabble** a été inventé en 1948 par Alfred Butts, un architecte new-yorkais. Ce jeu consiste à former des mots qui se croisent ou s'enchaînent sur une grille au moyen de jetons portant une lettre. Chaque lettre a une valeur. De plus, certaines cases doublent ou triplent la valeur d'une lettre ou d'un mot. Le but est d'obtenir le plus grand nombre de points en plaçant les meilleures lettres dans les meilleures cases. Voici un exemple de ce jeu.

Le cadavre exquis

L'invention du jeu *Le cadavre exquis* remonte aux années 1920. Des poètes l'inventèrent en s'entraînant à l'écriture automatique. Son nom vient de la première phrase qu'ils ont formée en se livrant à cet exercice : « *Le cadavre exquis boira le vin nouveau.* » Ce jeu consiste à composer des phrases insolites à plusieurs. Chaque joueur écrit un nom sur une feuille, puis la replie et la passe à son voisin. Sur une deuxième feuille, celle qu'il reçoit de son voisin, il écrit un adjectif, sur une troisième, un verbe, sur une quatrième, un nom, et sur une cinquième, un adjectif. À la fin, les feuilles de papier sont dépliées et le texte est lu à voix haute. Les résultats obtenus sont souvent très amusants.

L'acrostiche

L'**acrostiche** est un petit poème dont l'usage remonte à l'Antiquité. Des poètes grecs et des écrivains des débuts de notre ère l'ont pratiqué. À la Renaissance, l'acrostiche est revenu à la mode et il est resté populaire jusqu'au 18e siècle. Il est composé de telle façon que les initiales de chaque vers forment un mot. Ce mot peut être le nom de l'auteur, le nom de la personne à qui s'adresse le poème ou un mot clé. Voici un exemple d'acrostiche.

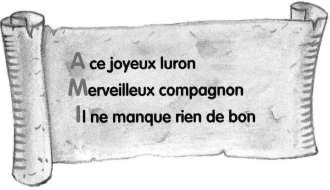

A ce joyeux luron
M erveilleux compagnon
I l ne manque rien de bon

Les jeux littéraires sont, bien sûr, de merveilleuses activités de détente. Mais leur rôle ne s'arrête pas là. Ils nous permettent aussi d'acquérir des connaissances, de développer notre faculté de raisonnement et de cultiver notre mémoire.

Solution de la charade, page 182 : citron (si, tronc).
Solution du rébus, page 183 : Néron n'est point humain (nez rond, nez pointu, main). [Néron est un empereur romain qui a vécu au 1er siècle.]

Projet 4

Avec les yeux du cœur

Texte 1

Si les enfants

si
les
enfants

Jacqueline HELD

Couvre-toi, ne cours pas,
tiens-toi droit, mouche ton nez...

SI
LES ENFANTS ETAIENT PRUDENTS,
LES ENFANTS SERAIENT...

DES SERPENTS.

SI
LES
ENFANTS
MANQUAIENT,
D'AUDACE,
LES ENFANTS
SERAIENT...
DES LIMACES.

SI LES ENFANTS OBÉISSAIENT,
LES ENFANTS SERAIENT...
Chimp
anzés

SI LES ENFANTS DISAIENT TOUJOURS
«OUI MERCI BONJOUR S'IL VOUS PLAIT»,
LES ENFANTS SERAIENT...
PERROQUETS.
PERROQUETS.
PERROQUETS.
PERROQUETS.
PERROQUETS.
PERROQUETS.
PERROQUETS.

SI
LES
ENFANTS ÉTAIENT...
ASSEZ !
ASSEZ !
ASSEZ D'ENFANTS AMIDONNÉS,
GRATTÉS, RENTIERS,
ASSEZ, ASSEZ !

Jacqueline HELD
Pour la typoscénie : Yves Pinguilly et André Belleguie, *Il était une fois les mots*, Paris, Éditions La Farandole, 1981.

Texte 2

Un enfant

Un enfant c'est un bourgeon qui éclate
Une fleur qui grandit au soleil.

Un enfant de tendresse,
Un enfant de bonté.

Un enfant c'est une perle,
Une vague qui h ^{o} u $_l$ e sur la mer.

Un enfant d'humeur joyeuse,
Un enfant heureux de vivre.

Un enfant c'est une feuille au soleil,
Un brin d'herbe
Qui se balance dans l'air.

Isabelle GERVAIS-TREMBLAY, 10 ans
Jean-Yves ROY, *Le Poémier*, Québec, Éditions Carvelle,
1985.

Texte 3

Au début...

Il y avait un ciel
il y eut un nuage
Il y avait la boue
il y eut une plage

Il y avait une eau
il y eut un poisson
Il y avait un arbre
il y eut un oiseau

Il y avait la nuit
il y eut une femme
Il y avait le jour
et il y eut un homme

Il y avait l'amour
il y eut un silence
Mais il y eut un cri
et c'était un enfant

Et ce fut un poète
puisqu'il y eut un chant

Bernard LORRAINE
Extrait de *Florilège poétique*, Paris,
L'amitié par le livre, 1978.

La vie en couleur

Quand le monde tourne à l'envers,
Victor file de travers.
    Dans le silence de la nuit,
    Je me vois tout petit.
J'ai parcouru le monde,
Et j'ai vu que ça gronde.
    Tandis que la foudre tombe
    La colère abonde.
Sur la mer noircie
Victor applique
Des couleurs de l'arc-en-ciel,
Avec de l'aquarelle.
    Il fait beau dans mon cœur.
    Je suis rempli de bonheur,
    Car il y a de la couleur.

Victor GONZALES, 4e année
Extrait de *Quand les mots chantent*, Commission scolaire
de Rouyn-Noranda.

Comme les clowns

Quand je m'ennuie je rêve de trouver
Des couleurs pour me maquiller
Un gros nez en caoutchouc
Un habit tout rempli de trous
Je rêve aussi de me promener
Sur la piste d'un cirque en papier
Et prendre l'air d'un petit clown
Qui culbute quand ma tête tourne

Comme si je mettais du soleil
Dans mon œil
Comme si le vent se faisait doux
Sur ma joue
Comme s'il y avait de la joie
Sur mes doigts
Comme si je mettais de la couleur
Sur mon cœur

Raymond PLANTE
Extrait de *Clins d'œil et pieds de nez*, Montréal,
les Éditions la courte échelle, 1982.
© Raymond Plante

Texte 6

Mon cœur

Mon cœur
Est très petit.

Mais il y a beaucoup de choses
Dans mon cœur :

Des souvenirs des jours gais,
Des jours tristes et un beau rêve.

Chaque jour il y a une trace
D'un souvenir qui reste.

Un jour ou l'autre,
        Il n'y aura plus de place
        Dans mon cœur.

Évelyne, 8 ans
Externat médicopédagogique.
Pédagogie Freinet, *Comme je te le dis ! : Poèmes d'enfants*,
Tournai, Éditions Casterman, 1978.
© Casterman S.A.

Texte 7

Je suis riche

Je suis riche de ma gaîté,
Je suis riche de mes soleils,
Je suis riche et j'ai des ailes,
Deux ailes à déployer.

Je suis riche de mes rires,
Je suis riche, je m'émerveille,
Je suis riche de vos sourires,
Riche de cœur, je me sens belle.

Je suis riche d'insouciance,
Je suis riche de liberté,
Je suis riche et j'ai de la chance
De savoir m'envoler !

Je suis riche de ma gaîté,
Je suis riche de mes soleils,
Je suis riche et j'ai des ailes,
Deux ailes pour embrasser.

Je suis riche de mes délires,
Je suis riche et j'aime l'écrire,
Je suis riche et, comme l'abeille,
Riche de fleurs, je fais du miel.

Je suis riche d'innocence,
Je suis riche de légèreté,
Je suis riche et j'ai la chance
De pouvoir tout aimer !

Anne SCHWARZ-HENRICH
Au clair de ma plume : poèmes et comptines, Strasbourg,
Callicéphale Éditions, 2001.

Texte 8

La petite peine

Parfois les jours de semaine
Quand mes amis ne sont pas là
Toute seule j'oublie que l'on m'aime
Et qu'on pense un peu à moi
Et si je pleure sur ma peine
Je sais qu'elle passera

Quand il a un peu de peine
Mon cœur n'a plus ses mitaines
Et si dehors il fait froid
Mon cœur peut geler des doigts

Parfois ma poupée de laine
Quand mes amis ne sont pas là
Me dit : « Tu sais bien qu'ils t'aiment
Et qu'ils pensent un peu à toi. »
Puis je les vois qui reviennent
Et toute ma peine s'en va

Parfois quand s'en va ma peine
Mon cœur retrouve ses mitaines
Et si dehors il fait froid
Mon cœur ne gèle pas des doigts

Raymond PLANTE
Extrait de *Clins d'œil et pieds de nez*, Montréal,
les Éditions la courte échelle, 1982.
© Raymond Plante

Texte 9

La peur

La peur, la peur, la peur c'est une bête féroce,
un cauchemar
une personne qui veut du mal.
On veut la tuer, la dénoncer.
La peur de la méchanceté qui nous entoure,
de la vie qui nous attend, des ennemis.
La peur c'est être seule,
            dormir seule,
            manger seule,
            vivre seule.

Kathy, 11 ans
Externat médicopédagogique.

Pédagogie Freinet, *Comme je te le dis !: Poèmes d'enfants*,
Tournai, Éditions Casterman, 1978.
© Casterman S.A.

Texte 10

La chevauchée

Certains, quand ils sont en colère,
Crient, trépignent, cassent des verres...
Moi, je n'ai pas tous ces défauts :
Je monte sur mes grands chevaux.

Et je galope, et je voltige,
Bride abattue jusqu'au vertige !
Des étincelles sous leurs fers,
Mes chevaux vont un train d'enfer.

Je parcours ainsi l'univers,
Monts, forêts, campagnes, déserts...
Quand mes chevaux sont fatigués,
Je rentre à l'écurie – calmée.

Jacques CHARPENTREAU
Extrait de *Poèmes pour peigner la girafe*, Paris,
Hachette Livre/Gautier-Languereau, 1994.
© Hachette Livre/Gautier-Languereau

Texte 11

La mauvaise tête

Si t'avais toute la tête à cela
si t'avais toute la tête à toi
si t'avais une vraie tête
mais voilà t'as la tête
toute pleine de tempêtes
de typhons de volcans
de tremblements de tête
t'as la tête à poux
t'as la tête à claques
t'as la mauvaise tête
t'as la tête-à-queue
t'as la tête à trous
– misère !
t'as la tête à ne faire
que les choses bébêtes
que ces trucs à poètes
qui n'ont ni queue
ni tête

Alexis LEFRANÇOIS
Comme tournant la page, vol. II, Montréal,
Éditions du Noroît, 1984.

Texte 12

Le plus beau jeu

Douze petits garçons jouaient à battre des bras
Comme s'ils avaient des ailes ;
Ils souriaient entre eux de ces puérils ébats,
Quand le plus beau s'est envolé…

Patrice DE LA TOUR DU PIN
Extrait de *Une somme de poésie*, Paris, Éditions Gallimard, 1946.

Texte 13

Les radis

J'ai semé des radis

Tout au fond de mon lit.
Les radis ont poussé

Jusque sous l'oreiller.
Ils ont percé des trous,

Drap dessus, drap dessous,
Décousu le tissu,

Drap dessous, drap dessus.
Les radis ont grandi

M'ont bouté hors du lit
Et jusqu'à leur cueillette,

Je dors sur la carpette.

Pierre CORAN
Inimaginaire, Bruxelles, Labor (Espace Nord junior), 2000.

Des yeux
il suit le bateau.
Remous sur la rivière.

Le jeune capitaine
porte une casquette neuve.
Pour l'occasion.

Moment savouré.
Le bateau de papier
accroché aux vagues du jour.

Dans son regard bleu
les mers du monde
se côtoient.

Au gouvernail,
la pupille fière
salue les ports.

Courent les rêves
sur le bateau de papier
fragile sur les flots.

Monique POITRAS-NADEAU, Inédit.

Le jeu

Ne me dérangez pas je suis profondément occupé

Un enfant est en train de bâtir un village
C'est une ville, un comté
Et qui sait
Tantôt l'univers.

Il joue

Ces cubes de bois sont des maisons qu'il déplace et des châteaux
Cette planche fait signe d'un toit qui penche ça n'est pas mal à voir
Ce n'est pas peu de savoir où va tourner la route de cartes
Cela pourrait changer complètement le cours de la rivière
À cause du pont qui fait un si beau mirage dans l'eau du tapis
C'est facile d'avoir un grand arbre
Et de mettre au-dessous une montagne pour qu'il soit en haut.

Joie de jouer ! paradis des libertés !
Et surtout n'allez pas mettre un pied dans la chambre
On ne sait jamais ce qui peut être dans ce coin
Et si vous n'allez pas écraser la plus chère des fleurs invisibles.

SAINT-DENYS GARNEAU
Extrait de *Regards et jeux dans l'espace et autres poèmes*, Typo, 1999.

Page d'écriture

Deux et deux quatre
quatre et quatre huit
huit et huit font seize...
Répétez ! dit le maître
Deux et deux quatre
quatre et quatre huit
huit et huit font seize...
Mais voilà l'oiseau-lyre
qui passe dans le ciel
l'enfant le voit
l'enfant l'entend
l'enfant l'appelle...
Sauve-moi
joue avec moi
oiseau !
Alors l'oiseau descend
et joue avec l'enfant
Deux et deux quatre...
Répétez ! dit le maître
et l'enfant joue
l'oiseau joue avec lui...
Quatre et quatre huit
huit et huit font seize
et seize et seize qu'est-ce qu'ils font ?
Ils ne font rien seize et seize
et surtout pas trente-deux
de toute façon
et ils s'en vont.
Et l'enfant a caché l'oiseau
dans son pupitre
et tous les enfants
entendent sa chanson
et tous les enfants
entendent la musique

et huit et huit à leur tour s'en vont
et quatre et quatre et deux et deux
à leur tour fichent le camp
et un et un ne font ni une ni deux
un à un s'en vont également.
Et l'oiseau-lyre joue
et l'enfant chante
et le professeur crie :
Quand vous aurez fini de faire le pitre !
Mais tous les autres enfants
écoutent la musique
et les murs de la classe
s'écroulent tranquillement.
Et les vitres redeviennent sable
l'encre redevient eau
les pupitres redeviennent arbres
la craie redevient falaise
le porte-plume redevient oiseau.

Jacques PRÉVERT
Paroles, Paris, Éditions Gallimard, 1946.

Texte 17

À l'école

À l'école, à neuf heures, s'ouvre le portail
Il nous reconnaît au doigt et à l'œil
Plus besoin du concierge grincheux
Allons maintenant dans la cour.

Pour avertir que l'on rentre,
Une voix douce sort d'un haut-parleur
C'est un message enregistré
« Bonjour les enfants ; regagnez votre classe
Nous allons commencer. »

Chacun gagne sa place, amusé
Devant un ordinateur, chacun fait
L'activité dont il a envie
Tous savent s'en servir
Comme tous les enfants de l'an deux mille.

Plus besoin de professeur
Ni de faire de dictées, plus de géo, de calcul
On clique sur la souris, le processeur
Se met en route, et imprime.

Rachel DENHAUT
Extrait de Jacques CHARPENTREAU, *Les poètes de l'an 2000*,
Paris, Hachette, coll. Le Livre de Poche jeunesse, 2000.
© Hachette Livre

Texte 18

Quand
l'enfant
rit dans le jardin, le vent
oublie tous
ses tourments.
Quand
l'enfant
rêve au
jour prochain
le temps
s'arrête un
Court instant.
Le soleil alors résonne
de mille mots cachés.

Daniel BRUGÈS
Extrait de Jacques CHARPENTREAU, *Jouer avec les poètes*,
Paris, Hachette, coll. Le Livre de Poche jeunesse, 1999.
© Hachette Livre

Texte 19

J'aime
et je déteste

J'aime la télé
J'aime les B.D.
J'aime mes copains.
J'aime les bouquins.
J'aime mes parents,
Pépés et mémés,
Mon chat et le vent.
Lucky Luke les fées

Mais je déteste
oh je déteste,
Quoi ?
Devinez…

Je déteste avoir du sable
entre les doigts de pied
En rentrant de la plage

L'été…

Georges JEAN
Écrit sur la page, Paris, Éditions Gallimard Jeunesse,
coll. Folio Cadet Poésie, 1997.
© Éditions Gallimard Jeunesse

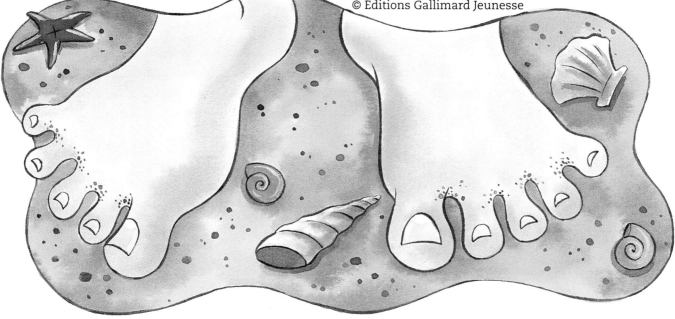

Texte 20

Un têtard

Et moi je rêve à des enfants
Qui tisseraient leur vie
De tous leurs doigts invisibles…

Christian POSLANIEC
Extrait de *Le jardin secret des poètes*, Paris, Les Éditions
de L'Atelier, 1984.

Texte 21

Enfant-demain

Enfant-demain,
Dis-moi où va le monde ;
Enfant-demain,
Toi qui as dans ta poche
Les clefs de l'avenir.

Prends bien soin
De la Terre décharnée,
Prends bien soin
De l'Eau, de l'Air viciés
Du feu de tes aînés ;

De toi,
Surtout, prends bien soin
De toi :
Tu portes dans tes veines
L'Espoir, Enfant-demain

Raphaël TERREAU
Extrait de Jacques CHARPENTREAU, *Les poètes de l'an 2000*,
Paris, Hachette , coll. Le Livre de Poche jeunesse, 2000.
© Hachette Livre

Texte 22

Les beaux métiers

Certains veulent être marins,
D'autres ramasseurs de bruyère,
Explorateurs de souterrains,
Perceurs de trous dans le gruyère,

Cosmonautes, ou, pourquoi pas,
Goûteurs de tartes à la crème,
De chocolat et de babas :
les beaux métiers sont ceux qu'on aime.

L'un veut nourrir un petit faon,
Apprendre aux singes l'orthographe,
Un autre bercer l'éléphant…
Moi, je veux peigner la girafe !

Jacques CHARPENTREAU
Extrait de *Poèmes pour peigner la girafe*, Paris, Hachette
Livre/Gautier-Languereau, 1994.
© Hachette Livre/Gautier-Languereau

Cris et disputes,
point de départ
d'un morceau de nuit.

Dans la pénombre,
de vagues châteaux
perdus dans des forêts légendaires.

Un fauve surgit de son repaire
à l'improviste,
horrible et impatient.

Les formules magiques
ne suffisent plus.

La bête s'obstine.
Privilège de force :
elle dévore le petit.

C'est un cauchemar.

Monique POITRAS-NADEAU, Inédit.

Texte 24

L'enfant qu'on envoie se coucher

Il faut aller au lit,
mais je n'ai pas sommeil.
Dans le noir je m'ennuie,
tous les soirs c'est pareil.

Si j'avais des ciseaux
pour découper le ciel
j'en prendrais un morceau
pour faire une marelle.

Si j'avais de la craie
sur le noir de l'espace
je me dessinerais
un jeu avec ses cases.

Chaque soir c'est pareil :
je me rêve dehors.
Mais j'ai un peu sommeil.
Malgré moi je m'endors.

J'irais à cloche-pied
jouer sur la Grande Ourse
et dans la Voie Lactée
me baigner à la source.

Je rêve que je dors
et quand je me réveille
il fait grand jour dehors.
Bonjour, Monsieur Soleil !

Claude ROY
Extrait de *Nouvelles enfantasques*, Paris,
Éditions Gallimard,
collection Folio junior, 1979.

Texte 25

L'avion

Un avion a atterri
cet après-midi
sur une page blanche
de mon livre ouvert.

Il a dessiné de ses huit roues
comme une mèche de cheveux
au beau milieu de la feuille ;
puis lentement s'est rangé,
en bas,
à gauche,
près du numéro 36.

36 passagers sont descendus.
Ils m'ont parlé en 36 langues,
de 36 millions d'enfants
que je ne connaissais pas.

Et mon livre traduisait,
et mon livre jubilait.

Alain SERRES
N'écoute pas celui qui répète, France, Éditions Cheyne,
coll. Poèmes pour grandir.

Texte 26

Regard d'enfant

Dans chaque pays que je traverse
il y a, toujours, un regard d'enfant
qui me bouleverse
Un regard d'enfant qui m'interroge
et me dérange
tout en m'acceptant
dans ma différence.
Regard d'enfant
aux grands yeux effrayés
comme ceux de cet enfant guarani
dont je me suis fait, ensuite, un ami
regard d'enfant étonné
aux grands yeux affamés
qui me hantent chaque nuit.

Si long le chemin
pour revenir vers toi
enfant noir d'Afrique
ou petit Indien d'Amérique latine
pour lequel mon cœur bat.

Merci à vous petits princes oubliés
dont je garde l'image et les mots
transcrits sur du papier,
c'est grâce à ce regard
qui refuse l'oubli
qu'avec amour, chaque jour, j'écris.

Paule-Nathalie LEFEBVRE
Extrait de *Les éléments des poètes*, poèmes choisis par
Jacques Charpentreau, Paris, Hachette jeunesse,
collection Le Livre de Poche jeunesse, 1990.
© Hachette Livre

Projet 5

La vie dans les mers

Les algues, un jardin dans la mer

Les algues sont des végétaux marins. Elles ressemblent à des plumes, à de la mousse, à des lacets, à des mains palmées, à des lasagnes… Certaines font une longue chevelure verte aux rochers… D'autres tapissent les fonds marins d'une croûte colorée… Les algues peuvent être brunes (*phéophycées*), vertes (*chlorophycées*) ou rouges (*rhodophycées*).

On trouve des algues brunes, vertes ou rouges dans le monde entier.

Des algues aux allures variées

La laminaire est une algue brune. Elle s'étire comme un long ruban plat pouvant atteindre jusqu'à trois mètres de longueur ; ses bords sont unis ou dentelés. Le fucus,

lui, a l'apparence d'une petite plante brune aux feuilles aplaties. Ses feuilles sont parfois garnies de vésicules remplies d'air qui lui servent de flotteurs. La laitue de mer ressemble à des feuilles de laitue d'un vert très pâle. La mousse d'Irlande, plus rare, est de couleur rouge. D'autres espèces d'algues peuplent les côtes et les fonds marins de notre pays.

Contrairement aux autres végétaux, les algues n'ont ni racines, ni feuilles, ni tiges. Aussi, on emploie le mot « thalle » pour désigner globalement leur corps ; ce qui ressemble à la tige s'appelle le « stipe » et les racines sont remplacées par des crampons.

Deux types de reproduction

En général, la reproduction chez les algues se fait en alternance de façon sexuée, puis asexuée. Voici comment cela fonctionne. Au moment de la reproduction sexuée, il y a fusion d'une cellule mâle et d'une cellule femelle ; cette fusion donne un œuf, puis une nouvelle plante. Cette nouvelle plante produit à son tour des cellules, appelées « spores ». Ces spores vont se fixer sur le fond marin, puis former une nouvelle algue. C'est la reproduction asexuée.

De l'eau et du soleil comme nourriture

Pour se nourrir, les végétaux terrestres puisent dans le sol l'eau et les éléments dont ils ont besoin. Ces éléments sont transportés jusqu'au bout des feuilles par les vaisseaux. Les algues, elles, ne peuvent pas s'alimenter de cette façon. Pourquoi ? Parce qu'elles ne possèdent pas de vaisseaux. Elles se nourrissent plutôt en absorbant l'eau de mer par toute la surface de leur corps.

Par contre, comme les végétaux terrestres, les algues contiennent de la chlorophylle ; elles peuvent donc transformer l'énergie du soleil en matière organique. Ce processus se nomme la photosynthèse. La lumière du soleil favorise donc la croissance des algues.

Les algues rouges préfèrent les eaux profondes.

Des algues pour s'abriter, se nourrir et se faire du bien

Dans la mer, les algues servent d'abri et de nourriture à plusieurs espèces. Dans le parc Forillon, au Québec, on a observé que les oursins verts pouvaient brouter complètement de grandes étendues d'algues brunes géantes, les laminaires.

Riches en vitamines et en minéraux, de nombreuses espèces d'algues sont comestibles. Les Asiatiques les apprécient depuis longtemps. On les mange nature, en soupe ou en salade ; on s'en sert pour aromatiser des mets.

Cette algue, appelée *codium fragile*, vit agrippée aux rochers.

L'industrie alimentaire utilise des substances extraites des algues dans divers aliments. Notamment, l'algine, l'agar-agar et la carraghénine permettent d'épaissir la crème glacée, le lait au chocolat, les soupes, les fromages fondus et les confitures. Les étiquettes de produits vendus à l'épicerie nous en apprennent long sur l'utilisation des algues.

On emploie aussi les algues comme engrais dans les champs. De plus, on en fait des cosmétiques recherchés. On prétend que les algues auraient des effets bénéfiques sur la santé.

Attention ! danger !

Au moment de la photosynthèse, les algues produisent de l'oxygène. Les algues seraient d'ailleurs une des principales sources d'oxygène de la planète. Cependant, elles ont aussi besoin d'oxygène pour respirer. Une trop grande quantité d'algues peut donc asphyxier les eaux douces et les animaux qui y vivent. De plus, certaines algues peuvent sécréter des substances toxiques et ainsi empoisonner des animaux marins qui s'en nourrissent.

Futée, la loutre de mer !

La loutre de mer a trouvé un moyen sûr de dormir dans l'eau sans crainte d'être emportée par les courants. Elle s'enroule dans les algues et ne se laisse aller au sommeil qu'une fois bien amarrée. Pas bête, l'animal !

La loutre de mer s'est trouvé un allié, les algues !

Où les trouve-t-on ?

Les algues vivent dans tous les milieux humides. Les algues brunes, les algues vertes et les algues rouges sont très présentes dans l'estuaire du Saint-Laurent. Des plongeurs et des biologistes les observent à divers endroits, par exemple dans le Bas-Saint-Laurent et en Gaspésie.

Les vésicules remplies d'air du fucus servent de flotteurs à la plante.

Les algues brunes, comme la laminaire et le varech, se trouvent sur les bords de mer. Elles s'agrippent aux rochers à l'aide de leurs crampons. On peut les voir distinctement à marée basse. Les algues vertes abondent plutôt dans les cuvettes des rochers, là où l'eau demeure quand la marée est basse. Les algues rouges croissent dans des zones plus profondes et sont toujours recouvertes d'eau. Au Canada, on les trouve surtout dans les provinces de l'Atlantique.

L'éponge, véritable usine de filtration

On pourrait croire que les éponges sont des végétaux. Pourtant, ce sont bel et bien des animaux marins. Elles font partie des spongiaires.

Comme un filtre

Les éponges se présentent dans une variété de formes, de dimensions et de couleurs. On les dirait inactives ; pourtant, elles passent leur vie à absorber et à rejeter l'eau de mer. L'éponge absorberait et rejetterait ainsi plusieurs dizaines ou centaines de litres d'eau par jour.

Elles sont constituées de tout un réseau de canaux, de cavités et de cellules dans lequel l'eau circule. Ainsi, l'eau entre dans l'éponge par des petits trous, les pores ; elle est rejetée par une large ouverture, l'oscule. Entre l'entrée et la sortie, des cellules spéciales règlent la vitesse du courant et retiennent les éléments nutritifs et l'oxygène.

L'eau circule dans les cavités de l'éponge.

L'éponge possède un squelette composé de petits aiguillons, les spicules. Certaines éponges sont pourvues d'un squelette fait d'une matière souple et résistante, la spongine.

Parlons nourriture

À partir de l'eau qu'elle pompe, l'éponge extrait l'oxygène et les particules alimentaires dont elle a besoin. On pense que l'éponge projette l'eau usée à une distance suffisante pour ne pas l'aspirer de nouveau. De cette façon, elle s'assure d'absorber toujours de l'eau nouvelle, donc riche en nourriture.

Des larves et des gemmules

Les éponges peuvent se reproduire de deux façons. Ou bien elles libèrent des cellules mâles et femelles, qui se fusionnent pour créer une larve, ou bien elles fabriquent des sortes de petits bourgeons, les gemmules. Les larves comme les gemmules vont se fixer sur une surface quelconque où elles vont se développer et devenir des éponges adultes. Phénomène intéressant : quand une éponge est sectionnée, elle peut se régénérer.

Des prédateurs?

L'éponge a peu de prédateurs à part l'humain, qui en utilise une variété pour se laver. Son squelette, légèrement épineux, la rend peu comestible pour les animaux marins, qui préfèrent les larves. Les épidémies et la pollution sont davantage à craindre pour ces spongiaires qui peuvent vivre entre 50 et 100 ans!

Éponge brune.

Une présence mondiale

Les éponges vivent bien ancrées sur les rochers, les coquillages ou les algues. Environ 15 000 espèces d'éponges se répartissent dans toutes les mers du monde, à des profondeurs diverses.

Un squelette pour faire sa toilette!

Quelques espèces d'éponges sont utilisées par les humains comme éponges de toilette. Entre le fond de la mer et le présentoir du magasin, les éponges de toilette franchissent diverses étapes de transformation. D'abord, elles sont cueillies dans la mer par des plongeurs. Puis, on en décompose les tissus vivants pour conserver uniquement le squelette, fait de spongine. Il est lavé, parfois teint, puis coupé en morceaux et distribué dans toute la planète. L'éponge de toilette que nous connaissons est, en fait, le squelette d'un spongiaire!

Éponge en cornet.

À quoi servent les éponges? À se laver, à soigner les animaux, à faire de la peinture, etc.

L'étoile de mer : qui s'y frotte s'y pique

L'étoile de mer, aussi appelée « astérie », fait partie des échinodermes. Les oursins, les concombres de mer et les ophiures appartiennent également à ce groupe d'animaux marins à la peau piquante. Le mot « échinoderme » vient du grec *ekhinos* (hérisson) et *derma* (peau).

Échinodermes variés.

Comme une véritable étoile

L'étoile de mer doit son nom à ses bras, habituellement cinq, disposés de façon symétrique autour de son corps. Sa face dorsale supérieure, soit celle que l'on voit, est couverte de petites épines courtes et arrondies. Sa face ventrale possède un grand nombre de minuscules pieds en forme de tubes qui sont disposés en rangées le long de ses cinq bras. La bouche et l'anus sont situés au centre de l'étoile. Chaque pied est terminé par une ventouse, ce qui permet à l'étoile de mer de se déplacer, de se cramponner et d'attraper ses proies. Sa taille varie de 1 à 70 centimètres.

L'étoile de mer peut être rouge, pourpre, orange, brune ou verte. Si un bras est endommagé, il se régénérera tout seul. Il existe plus de 1500 espèces d'étoiles de mer.

Une technique spéciale pour se nourrir

L'étoile de mer s'alimente surtout de mollusques, de crustacés et d'autres invertébrés. Cet animal est un prédateur et sa technique pour dévorer sa proie est plutôt étrange. L'étoile de mer expulse son énorme estomac à l'extérieur de son corps et colle celui-ci directement sur sa victime ; elle absorbe et digère sa victime, puis remet

L'étoile de mer commune adore les moules. Elle s'enroule autour de sa victime, puis force sa coquille.

son estomac en place. Pour forcer la coquille des mollusques qui lui résistent, l'étoile de mer se sert de ses bras puissants. Elle peut donc causer des dommages énormes aux cultures d'huîtres et de moules… dont elle se régale !

Les oursins sont aussi des échinodermes.

Les bébés étoiles

Chez la plupart des astéries, la fécondation est externe, ce qui signifie que les cellules mâles et femelles se fusionnent dans l'eau pour donner des larves. Celles-ci se développent en flottant, puis elles finissent par se fixer au fond de la mer.

Pas d'ennemis connus !

Cet animal marin a peu de prédateurs. Les humains ne le pêchent pas, du moins pas pour se nourrir. Cependant, il arrive fréquemment que des étoiles de mer soient capturées involontairement, par exemple dans les filets des pêcheurs et les cages de homards.

Un vaste territoire

Le fond de la mer est le vaste territoire de l'étoile de mer. On la trouve à toutes les profondeurs, dans toutes les mers et même dans le golfe du Saint-Laurent. Les naturalistes du parc Forillon, au Québec, ont pu y observer une dizaine d'espèces d'étoiles de mer.

Un système pour se déplacer

Comme tous les échinodermes, l'étoile de mer possède un réseau de tubes internes dans lequel l'eau de mer circule : c'est ce qu'on appelle l'appareil aquifère. Ce réseau de tubes est relié entre autres aux pieds de l'étoile de mer. Ce va-et-vient de l'eau dans les tubes produit une poussée sur les pieds et actionne leur mouvement, ce qui permet à l'animal de se déplacer.

Les ophiures se déplacent avec agilité grâce à leurs longs bras qui ondulent dans la mer.

Les méduses, ouch ! ça brûle !

Qu'ont en commun le corail, la méduse et l'anémone de mer ? Ils font tous partie des cœlentérés ou cnidaires.

Gracieuses mais piquantes

Les méduses sont parfois mieux connues sous leur nom anglais de *jellyfish*. Elles ont la forme de cloches ou d'ombrelles transparentes et gélatineuses. Celles-ci sont bordées par une frange de longs tentacules qui ondulent gracieusement au rythme de leurs déplacements. Les méduses n'ont ni cerveau, ni squelette.

Leurs tentacules sont au nombre de quatre ou d'un multiple de quatre. Des cellules que l'on appelle « urticantes », les nématocystes, sont situées sur les tentacules. Elles contiennent du venin et brûlent la peau quand on y touche. Dans de rares cas, ce venin est mortel pour l'humain. Même échouées sur les plages, elles peuvent encore causer une brûlure.

De piètres nageuses

Les méduses sont loin d'être d'excellentes nageuses. Elles se déplacent au gré des courants marins. Ainsi, comme leur corps contient 95 % d'eau, elles peuvent se laisser « couler » lentement, la forme de leur corps ralentissant leur chute. Elles peuvent aussi nager en se contractant ; l'ombrelle se referme alors et repousse l'eau vers le bas, ce qui pousse la méduse vers le haut.

Les méduses peuvent atteindre 2 mètres de diamètre et leurs tentacules mesurent parfois plus de 10 mètres ! La plus grande méduse, la *cyanea artica*, peut même avoir des tentacules de 40 mètres de longueur.

Au menu : plancton, crevettes, etc.

Les méduses sont dotées d'outils de chasse redoutables et efficaces. Elles capturent leurs proies en utilisant leurs tentacules, puis elles leur injectent un poison mortel à l'aide de leurs nématocystes.

Leur menu quotidien se compose de plancton, de crevettes et de petits poissons. Les méduses consomment leur nourriture par une ouverture située au centre du corps. C'est aussi par là qu'elles évacuent leurs déchets !

Les bébés méduses

Pour se reproduire, les méduses expulsent dans l'eau des cellules mâles et des cellules femelles. L'union de ces cellules produit des larves qui se fixent sur une surface dure. Ces larves se transforment en polypes, sorte d'animaux cylindriques qui, à leur tour, deviendront des méduses.

Presque transparentes, les méduses ont parfois une allure de cloche.

La méduse emprisonne sa victime dans ses longs tentacules.

De nombreux prédateurs

Parce qu'elles dérivent passivement dans l'eau, certaines méduses font partie de ce qu'on appelle le plancton. Cet ensemble de particules qui flottent dans la mer constitue la nourriture de nombreux organismes marins. On peut donc dire que ceux qui se nourrissent de plancton font partie des prédateurs des méduses.

Plusieurs espèces de méduses sont aussi utilisées dans le traitement de certains cancers et des maladies du cœur. Elles sont donc recherchées par les humains.

Elles sont partout !

Toutes les mers abritent des méduses. Les variétés diffèrent selon les régions du globe. De façon générale, on les trouve loin des côtes, parfois jusqu'à 3000 mètres de profondeur, généralement dans les eaux des régions tropicales. Certaines espèces de méduses peuvent aussi s'installer dans les eaux douces des lacs.

Une alliance stratégique

Dans la mer, il arrive que des espèces s'associent pour tirer avantage de leurs atouts respectifs. Ainsi, pour se protéger de ses prédateurs, le poisson-clown s'installe dans les tentacules de l'anémone de mer, une cousine de la méduse. Ce poisson est immunisé naturellement contre le poison de l'anémone, mais pas ses prédateurs ! En échange, l'anémone peut manger les restes de nourriture de son invité, le poisson-clown. On pense également que la couleur rouge, très vive, du poisson-clown sert d'appât à l'anémone pour attirer ses proies. Beau travail d'équipe !

La pieuvre : sans coquille, le mollusque

La pieuvre, que l'on appelle aussi « poulpe », est un mollusque octopode. En d'autres termes, la pieuvre a le corps mou (mollusque) et elle possède huit pattes (*octo* = huit, *podos* = pied). Elle appartient à la classe des mollusques les plus grands et les plus évolués : les céphalopodes. Les calmars, les nautiles et les seiches font également partie de cette classe.

Gros cerveau et ventouses

La taille des différentes espèces de pieuvres varie énormément. Ainsi, la pieuvre commune, l'*octopus vulgaris*, peut mesurer jusqu'à 1 mètre. La petite *octopus joubini* mesure à peine 2 centimètres alors que le poulpe géant fait près de 15 mètres.

On dit du cerveau de la pieuvre qu'il est très développé : de tous les invertébrés, la pieuvre serait le spécimen le plus intelligent !

Les tentacules de la pieuvre sont pourvus de deux rangées de ventouses. Celles-ci lui permettent de s'accrocher aux rochers et de se déplacer au fond de l'eau.

Mollusques et crustacés au menu

Les pieuvres sont carnivores ; elles se nourrissent de petits mollusques et de crustacés. Leur langue, qu'on nomme « radula », est couverte de petites dents et ressemble à une râpe. Cette caractéristique est commune à plusieurs mollusques.

Les pieuvres utilisent leurs tentacules pour saisir leurs victimes. Certaines espèces ont une stratégie de chasse qui ressemble à la pêche pratiquée par les humains : elles agitent le bout d'un de leurs tentacules comme un ver, pour attirer leur proie. D'autres injectent un poison mortel à leurs victimes. Certains de ces poisons sont aussi mortels pour les humains.

Pieuvre commune.

150 000 œufs en 2 semaines !

La pieuvre mâle dispose d'un organe de reproduction qui est, en fait, un tentacule spécial : l'hectocotyle. Le mâle introduit ce tentacule sous le manteau de la femelle pour la féconder. La femelle pond jusqu'à 150 000 œufs en 2 semaines. Pendant

50 jours, elle surveille les œufs et agite l'eau autour d'eux jusqu'à leur éclosion. Après leur naissance, les petites pieuvres flottent à la surface de l'eau pendant un mois. Ensuite, elles rejoignent le fond de la mer pour vivre leur vie de pieuvre. La durée de vie des pieuvres est généralement courte, allant de six mois chez les plus petites espèces à trois ans chez les plus grandes.

Ses ennemis : les poissons et les humains

La pieuvre est la proie de nombreux prédateurs chez les poissons. Afin de leur échapper, elle a plus d'un tour dans son sac ! Comme elle n'a pas de structure osseuse, elle peut se « comprimer » et se cacher dans des espaces restreints. Elle peut aussi changer de couleur rapidement et se camoufler dans le paysage marin ou encore cracher un nuage d'encre pour brouiller la piste et s'enfuir. Elle peut aussi se propulser

La pieuvre peut se laisser mourir de faim à surveiller ses œufs.

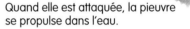

Quand elle est attaquée, la pieuvre se propulse dans l'eau.

à grande vitesse en expulsant un puissant jet d'eau de son corps par un entonnoir. Avec ses huit bras, la pieuvre réussit également à ramper sur les surfaces dures.

La pieuvre est aussi comestible pour les humains. Une fois attendrie, sa chair caoutchouteuse peut être dégustée.

Où vivent-elles ?

Les pieuvres habitent la zone intertidale, c'est-à-dire la bande côtière qui est découverte à chaque marée basse. Il peut cependant arriver qu'on en trouve à de grandes profondeurs. La plupart du temps, les pieuvres se tiennent cachées dans les crevasses et derrière les rochers marins. Il y en a pratiquement dans toutes les mers du monde.

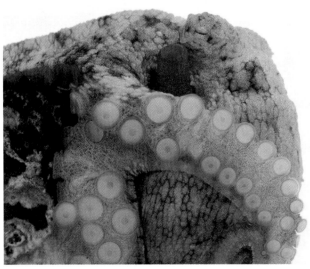

Cette double rangée de ventouses permet à la pieuvre de s'agripper aux rochers.

Le homard, cet animal au squelette externe

Le homard est un crustacé marin. Il fait partie des arthropodes, ce qui signifie que son corps est fait de segments partiellement soudés les uns aux autres. Ces segments portent des appendices semblables à des pattes. Le homard est recouvert d'une carapace et vit dans la mer, comme le crabe et la crevette. Il possède dix pattes : huit petites pour se déplacer et deux grosses pinces, les chélipèdes, pour saisir, broyer et découper la nourriture.

La carapace du homard le protège des dangers.

Une carapace comme une armure

La carapace du homard constitue, en quelque sorte, son squelette. Le homard a donc un squelette externe. La tête et le thorax sont fusionnés et composent la première partie de la carapace. L'abdomen, que nous appelons la queue, en constitue la deuxième partie. L'abdomen du homard est, de plus, divisé en six segments pour faciliter ses mouvements.

Plutôt coincé dans son enveloppe rigide, le homard ne se déplace que vers l'avant ou vers l'arrière. Grâce à de petites pattes natatoires placées sous l'abdomen, il peut bondir et nager. L'extrémité de sa queue, le telson, a la forme d'un éventail. Il l'utilise parfois pour se propulser rapidement vers l'arrière.

Sa croissance

La croissance chez le homard se fait par étapes, qu'on appelle « mues », au cours desquelles l'animal quitte l'ancien squelette. Le homard peut atteindre 50 centimètres de longueur. À mesure qu'il grandit, il change de carapace. Les homards que l'on pêche ont généralement entre 6 et 8 ans. Quand ils atteignent cet âge, ils ont changé de carapace de 15 à 20 fois. Les homards peuvent vivre jusqu'à 50 ans !

Des antennes pour la chasse

Le homard possède deux longues antennes qui lui permettent de détecter à la fois la nourriture et les dangers. Il chasse surtout la nuit et se nourrit d'animaux morts et de substances en décomposition qu'il trouve au fond de la mer.

Les chélipèdes ou pinces du homard sont de tailles différentes. En effet, la pince la plus petite est munie de dents pointues et coupantes, alors que l'autre pince a de grosses bosselures sur sa face interne. À l'aide de cette grosse pince, il broie les coquillages. Il utilise la petite pince pour découper la chair de poisson. Si, par malheur, le homard perd une pince, une nouvelle poussera pour la remplacer.

Une ponte tous les deux ans

Tous les deux ans, la femelle pond des milliers d'œufs. Elle les conserve sous son abdomen, entre ses pattes natatoires, pendant 9 à 12 mois. Les œufs fécondés par les cellules mâles éclosent en autant de larves microscopiques. Une larve sur mille survivra. Au bout d'environ 5 semaines, les larves gagnent le fond de la mer et continuent leur croissance pour progressivement prendre la forme de homards.

Des prédateurs animaux et humains

Les larves de homards, qui flottent dans la mer, constituent une nourriture de choix pour divers prédateurs, dont la morue.

De plus, pendant les périodes de mue, le homard est une proie facile puisque sa nouvelle carapace est molle.

Les humains font aussi partie des prédateurs. En effet, le homard est un mets recherché et la pêche à ce crustacé, une activité très lucrative !

Américain ou européen

Le homard que l'on pêche dans nos eaux est appelé « homard américain ». On le trouve du Labrador à la Caroline du Nord, généralement sur les fonds rocheux où il peut s'abriter. De couleur plutôt sombre, il se camoufle facilement dans les crevasses et les trous. Il vit à une profondeur variant de 4 à 50 mètres.

Le homard est aussi pêché en Turquie, dans les îles Britanniques, en France, en Italie, en Norvège et au Portugal. C'est le « homard européen ».

La saison du homard !

Entre les mois de mai et de juillet, les pêcheurs de la Gaspésie, des Îles-de-la-Madeleine et des Provinces maritimes profitent de la « saison de la pêche au homard » pour attraper ce crustacé à la chair délicieuse. Ils quittent le port au milieu de la nuit afin d'aller cueillir, au large, leur précieux butin. Repérant les cages, grâce aux bouées qui indiquent leur emplacement, ils les remontent à la surface, en retirent les bêtes prises au piège, y déposent un nouvel appât et les remettent à l'eau pour les prochaines prises.

Le béluga,
espèce menacée

Le béluga est un mammifère marin qui appartient à l'ordre des cétacés. Comme le dauphin et l'épaulard, c'est un cétacé à dents (odontocète). D'autres cétacés, comme la baleine à bosse et le rorqual commun, ont des fanons plutôt que des dents, pour retenir la nourriture.

Le mâle mesure jusqu'à 4,5 mètres et pèse autour de 1000 kilogrammes. La femelle, plus petite, fait à peu près 3,5 mètres et pèse 900 kilogrammes.

Le béluga, contrairement au dauphin, n'a pas de nageoire dorsale. Sa tête est large et son front bombé est appelé « melon ». Il a un museau plat, des petits yeux bruns, des lèvres épaisses, qui semblent sourire, et un évent sur le dessus de la tête. Cet évent lui sert à inspirer et à expirer.

Pour respirer, le béluga doit remonter à la surface. Son souffle est discret et peut atteindre un mètre. Comme les humains, il a des poumons. Sa peau est lisse et douce.

Les bélugas peuvent vivre entre 35 et 50 ans. Toutefois, leur durée de vie moyenne est de 10 ans.

Le mot béluga vient du russe et signifie « blanc ». On l'appelle également baleine blanche, marsouin blanc ou canari de mer.

Une petite baleine blanche

Le béluga a la taille d'une petite baleine ou d'un gros dauphin. Sa couleur blanche caractéristique, qu'il acquiert vers l'âge de six ans, le distingue des autres cétacés.

Au menu : cocktail de fruits de mer

Le béluga se nourrit de poissons, crevettes, pieuvres, crabes, vers et calmars.

Il se sert de ses lèvres comme d'un aspirateur. Il attrape ses proies avec ses dents et les avale sans les mâcher. Son estomac se divise en cinq parties. La première sert à accumuler une grande quantité de nourriture. Les quatre autres parties effectuent la digestion.

Le baleineau

Le béluga se reproduit comme tous les mammifères, mais dans l'eau. L'accouplement se fait au printemps, et la période de gestation dure en moyenne 14 mois et demi. Les petits, appelés « baleineaux » ou « veaux », naissent donc entre juin et septembre de l'année suivante. Le nouveau-né mesure environ 1,5 mètre et pèse autour de 45 kilogrammes. La femelle allaite son petit pendant à peu près un an. Quand il naît, elle le pousse vers la surface pour qu'il puisse respirer.

remontent dans la rivière Saguenay. On estime entre 50 000 et 70 000 la population mondiale. Le béluga est l'espèce de baleine la plus abondante dans les eaux canadiennes !

Un animal nordique

On trouve des bélugas dans les eaux arctiques et subarctiques du globe, et dans l'estuaire du Saint-Laurent. Certains

Chassé, intoxiqué, perturbé...

Les humains ont été des prédateurs importants des bélugas du Saint-Laurent. C'est pourquoi leur population est passée, au cours du 20e siècle, de 5000 à 500 individus. En effet, jusqu'en 1979, ce mammifère marin a été abondamment chassé. On pensait, à tort, qu'il détruisait les bancs de saumons et de morues et qu'il nuisait à la pêche.

Le baleineau est brun à la naissance. Il devient blanc vers l'âge de six ans.

La pollution grandissante du Saint-Laurent a aussi été une cause importante de mortalité chez les bélugas ; le béluga absorbe facilement les produits toxiques par le biais de la nourriture qu'il ingère.

Enfin, son environnement fragile a été bouleversé par toutes les interventions humaines qui ont eu lieu sur le Saint-Laurent et ses affluents, comme le dragage, la construction de barrages et la circulation de bateaux géants et bruyants.

Un sonar perfectionné

Le béluga vit en bandes et communique avec ses semblables au moyen d'une grande variété de sons. Il possède le répertoire vocal

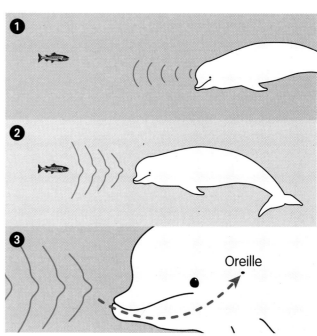

❶ Les ultrasons produits par le béluga touchent les objets qu'ils rencontrent.

❷ Ces sons sont alors réfléchis et renvoyés à l'animal, qui les capte au moyen des tissus graisseux de sa mâchoire.

❸ Le son réfléchi est ensuite dirigé vers l'oreille interne et envoyé au cerveau qui, alors, perçoit une «image sonore» ou «écho» de l'objet. C'est ce qu'on appelle l'écholocation.

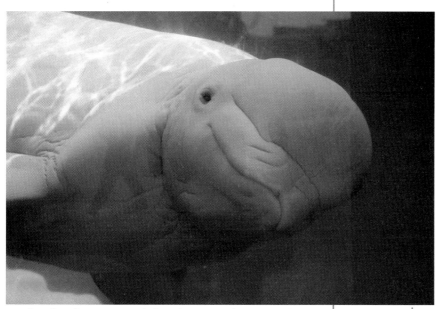

Son front bombé et sa grande bouche qui semble sourire font partie des caractéristiques du béluga.

le plus varié de toutes les baleines. Il est doté d'une ouïe très fine, qui lui permet de capter les sons et les ultrasons, et qui agit comme un sonar. Ce système sonar lui sert à repérer des obstacles, des prédateurs, des proies, les autres bélugas, etc.

Une espèce préservée

Depuis 1983, l'espèce est protégée. Progressivement, diverses mesures ont été prises pour limiter la pollution du Saint-Laurent. Des groupes de chercheurs se sont aussi intéressés au béluga. Ainsi, depuis 1985, le GREMM (Groupe de recherche et d'éducation sur les mammifères marins) multiplie ses interventions pour sauvegarder les bélugas et les faire connaître. L'organisme a même mis sur pied un programme d'adoption de bélugas pour financer ses recherches.

Le requin, un poisson cartilagineux

Le requin fait partie des poissons cartilagineux. Cela signifie que son squelette est fait de cartilage, comme le nez et les oreilles des humains, plutôt que d'os ou d'arêtes, comme la plupart des poissons.

Nager : une question de survie

Le requin utilise ses branchies pour respirer. Il a de cinq à sept paires de branchies alors que les autres poissons en ont une seule paire. En nageant, le requin fait entrer l'eau dans sa bouche. L'eau ressort ensuite par les branchies, qui retiennent l'oxygène et expulsent le gaz carbonique contenu dans l'eau. Les fentes branchiales du requin sont très visibles et faciles à repérer. Elles sont placées sur les flancs, derrière la tête.

Requin blanc.

Même pendant son sommeil, le requin continue de nager. C'est une question de survie. S'il arrête, l'eau cesse de passer dans ses branchies et il ne peut plus respirer.

Autre particularité du requin : contrairement aux autres poissons, il n'a pas de vessie natatoire (sorte de poche d'air interne) pour l'aider à flotter. Pour pallier cette absence, le requin a développé un foie très gros. Ce foie est riche d'une huile bien moins lourde que l'eau, ce qui lui permet de flotter.

Plusieurs rangées de dents

Le requin est pourvu de dents coupantes en forme de triangle. Chez plusieurs espèces, les dents sont réparties sur quatre à six rangées. Seules les dents des deux premières rangées sont utilisées pour saisir, déchiqueter ou broyer la nourriture. Les dents des autres rangées viennent remplacer les dents perdues. Bref, les dents se renouvellent constamment. On trouve d'ailleurs parfois des dents de requin sur les rivages.

De très grand à très petit

La taille des requins varie considérablement. Le requin-baleine mesure jusqu'à 18 mètres et peut peser plus de 10 tonnes. Par contre, le requin coupe-biscuits fait moins de 50 centimètres.

Un tube digestif à toute épreuve !

Grâce à son tube digestif à toute épreuve, le requin a une alimentation très variée. Il est carnivore et charognard, mais il est également exact de dire qu'il mange de tout ! Son menu se compose de poissons, calmars et crustacés et d'animaux en décomposition. Les phoques, les otaries, les dauphins et les autres requins constituent aussi des proies de choix pour cet animal vorace. Par contre, les deux plus gros requins, soit le requin-baleine et le requin-pèlerin, consomment exclusivement du plancton.

Des sens aiguisés

Le requin est un chasseur habile. Il a un odorat très fin. Il peut sentir une goutte de sang dans 100 litres d'eau ! Rien n'échappe non plus à son ouïe sensible : ni la plus

Requins-marteaux.

petite vibration, ni le son le plus faible. Une fois qu'il a détecté la présence d'une proie, il la repère facilement, grâce à ce qu'on pourrait appeler son « radar naturel ». Il s'agit d'un réseau de terminaisons nerveuses situé sur ses flancs, de la tête à la queue.

Différents modes de reproduction

Le requin mâle dépose du sperme dans le corps de la femelle pour féconder les œufs qu'elle porte. Les organes reproducteurs du mâle sont les ptérygopodes. Ils sont fixés sur deux petites nageoires arrière.

Le développement des œufs varie selon les espèces. La plupart des espèces sont ovovivipares, c'est-à-dire que les petits se développent dans des œufs, mais à l'intérieur du corps de la mère. Chez les ovipares, la mère pond des œufs qui ont été fécondés, comme les oiseaux ; ils se développent à l'extérieur du corps de la mère. Ces œufs se fixent sur les algues ou les rochers. Au bout de 6 à 12 mois, le petit brise la coquille et se met à nager. D'autres espèces sont vivipares, c'est-à-dire que les bébés se développent dans l'utérus de la mère, comme chez les humains. La période de gestation dure 6 mois.

Peu de prédateurs

On sait que certaines espèces de requins peuvent constituer un danger pour les humains. Mais ceux-ci peuvent aussi être dangereux pour le requin! En effet, la chair de requin est un mets recherché, notamment au Japon et au Mexique. De plus, la peau du requin est souvent utilisée dans la confection d'articles de cuir, car elle est très résistante. Les humains et les autres requins sont donc ses seuls prédateurs.

Partout dans le monde

On trouve des requins dans toutes les mers de la planète, à des profondeurs diverses. La plupart vivent dans les eaux

Le requin-baleine, malgré sa grande taille, n'est pas dangereux... Il se nourrit de plancton!

chaudes autour de l'Afrique et près de la Floride. Certains requins vivent en haute mer tandis que d'autres sont plutôt côtiers. Certains remontent même les fleuves; on en trouve parfois dans le fleuve Saint-Laurent, au Québec.

Les requins sont-ils aussi terribles qu'on le dit?

Les requins ont bien mauvaise réputation. On a tous en tête cette image effroyable d'un aileron menaçant qui fend l'eau en décrivant de grands cercles autour d'une victime impuissante...

Sur les 350 espèces de requins connues, une trentaine sont susceptibles de s'attaquer aux humains. Le grand requin blanc, ce héros morbide du cinéma, est le plus terrifiant. Le requin-tigre, le requin bleu et le requin-marteau sont d'autres espèces dangereuses pour les humains. Par contre, la majorité des requins, tels l'immense requin-pèlerin et la petite roussette, sont inoffensifs. Bref, de rares espèces s'attaquent à l'humain, mais lorsque cela se produit, les conséquences sont souvent dramatiques.

La roussette, ou petit chien de mer, est inoffensive pour l'humain.

Projet 6

Tisser des liens

Une lettre d'Éva

Quand Éva eut sept ans, elle décida d'écrire une lettre. À qui ?
Bah... On verrait cela plus tard. Il faut d'abord l'écrire. Aussi,
pour son anniversaire, au lieu de bonbons et autres babioles,
elle demanda à sa mère de lui offrir de l'encre. À son père,
elle demanda du papier. Il crut que c'était pour faire du collage
et sa mère crut que sa petite Éva avait le goût de dessiner.
Elle reçut donc, ce jour-là, du papier blanc, du jaune, du bleu,
du vert, du rouge et puis du noir. Et cinq couleurs d'encre :
la noire, la bleue, puis la verte, la jaune et enfin la rouge.

Puis se retira pour commencer d'écrire sa lettre. Elle eut du mal
d'abord à choisir son papier. Sur quel papier écrit-on les lettres ?
Puis elle se dit qu'une lettre sur du papier jaune cela serait comme
un sourire à lire et en prit une feuille. La première bouteille d'encre
qu'elle réussit à ouvrir fut la bleue. Bon. Prendre la plume. Mouiller
la plume comme fait maman avec le bout de la langue. La plonger
dans l'encre et on commence. Mais la plume prit une grosse gorgée
et avant qu'elle eût eu le temps de l'avaler, une grosse goutte bleue
de mer du sud s'écrasait sur le désert du papier jaune.

Ah... Elle allait jeter la feuille au panier quand elle remarqua le long d'un chemin qui allait directement de la tache à l'encrier de tous petits points qui lui parurent bouger. Et regardant de plus près, elle reconnut une caravane, fit une dune d'un trait, ajouta quelques chameaux et commença de dessiner des palmiers autour de l'oasis miraculeux. Vers le soir, elle monta des tentes, recouvrit le tout d'une feuille noire qu'elle avait pris soin d'étoiler et contente de la journée, s'en fut dormir.

Il faisait beau le lendemain même si c'était l'hiver. Que faire aujourd'hui ? Ah... Oui ! La lettre.

Elle prit donc une feuille blanche... et, selon son secret tout neuf, y laissa tomber d'une plume avertie une tache noire. Et vit distinctement qui marchaient sur la neige dure de cet hiver à elle, un homme et un enfant. Ils s'approchaient du puits. L'enfant s'appelait Dominique et son père avait l'air fatigué, calant jusqu'à mi-jambe un pas sur trois. Elle leur fit un traîneau, y attela un cheval puis monta avec eux rapportant un seau plein d'eau glacée jusqu'à l'orée de la forêt dessinée à la hâte en bordure de l'hiver. Invitée à souper chez eux, elle alluma la lampe et fit se lever une grosse lune jaune dans une page bleue dont elle recouvrit ce nouveau monde pour la nuit.

Le troisième jour, sur une feuille bleue de mer, la tache d'une île verte attira tout de suite son regard, elle qui flottait déjà sur un bateau minuscule dans le coin sud-sud-est d'une page d'océan. Elle finit par atteindre l'Île sur le soir. Le temps de faire un feu, d'y mettre trois poissons à cuire et d'en jeter les restes à un goéland qu'elle prit pour un aigle et la nuit était faite. Elle s'endormit dans un château de sable au chant d'insectes tropicaux.

Le jeudi elle vécut l'été au cœur d'une clairière couverte de pissenlits dont elle fit des bouquets qu'elle mit dans ses cheveux et dont elle mangea les feuilles pour souper. Toute la page était verte et le gros encrier rouge du soleil se coucha sur les champs au fond d'un horizon violet de montagnes et de nuit. C'est le matin du vendredi qu'elle écrivit la lettre à Dominique, son ami en hiver.

«Dominique,

Aujourd'hui je t'écris ta lettre pour te dire que je t'aime. Je pense à toi dans l'été et dans toutes les saisons. Aussi, je me prépare pour mon plus long voyage. J'aimerais bien t'emmener, mais j'ai appris, ces derniers jours, que voyager est un travail qu'on fait tout seul. Si tu y penses, fais un cerf-volant. Ton amie pour toujours.»

Et le samedi, vers les neuf heures du soir, dans les hauteurs d'une nuit d'encre, une petite fusée s'échappait de la page où montait, bleue pâle pleine d'hommes et de songes, la tache ronde de la terre.

Le septième jour Éva se reposa.

Extrait de Gilles VIGNEAULT, *La petite heure*, Montréal, Nouvelles éditions de l'Arc, 1979.

Violon à vendre

C'était un jour de pluie. Un homme marchait dans la rue, un violon caché dans son paletot ; il allait vite, le chapeau sur les yeux et l'air fatigué. Il cherchait une adresse ; à droite et à gauche, il regardait. Puis soudain, il entra dans une petite allée, poussa une porte de maison sur laquelle il y avait une planchette de bois, avec ce mot peinturé en rouge : LUTHIER.

À l'intérieur, il secoua son paletot, l'ouvrit, déposa son violon sur le comptoir. Il releva son chapeau d'un coup de pouce et attendit le vieux qui travaillait là-bas sous la fenêtre, assis sur un petit banc, entouré de pots de colle, de scies, de rabots et d'instruments éventrés.

Le luthier se leva, clignant des yeux derrière ses grosses lunettes :

— Qu'est-ce que c'est ?

— Je viens vous vendre mon violon.

Le luthier prit l'instrument dans ses mains, comme on soulève un malade, l'examina, le tourna, le caressa de la paume et dit :

— C'est moi qui ai fait ce violon-là, il y a vingt ans, la date est écrite.

L'autre fit :

— Je sais.

— Vous voulez le vendre ?

— Oui, monsieur.

— Il est brisé ?

— Non.

— Quoi ?

— Rien. Je veux le vendre.

— Je ne les achète pas ordinairement. Votre nom, vous ?

— Hubert Thomas.

— Je vous connais de renommée, monsieur Thomas, j'ai des disques de vous en arrière, des concertos ; c'est avec lui que vous avez enregistré ?

— Oui, monsieur.

— Ça me fait plaisir. Sarto Rochette, mon nom.

Puis, il demanda :

— Ça fait longtemps que vous jouez ?

— Seize ans.

— Vous voulez le vendre ?

— Oui.

— Pourquoi ? Je vous demande ça simplement.

— Ma main ne va plus, répondit l'artiste.

Et il montra une main gauche, avec des doigts qui restaient pliés.

— Rhumatisme ?

— Oui.

Alors le vieux ne savait plus que faire. Il caressa de nouveau l'instrument et dit :

— Gardez-le pareil.

— Non, je ne veux plus le voir.

— Pourquoi pas le garder ? répéta le bonhomme presque souriant.

— Parce que j'ai besoin d'argent.

— Monsieur Thomas, me permettrez-vous de vous dire…

— Quoi ?

— Si j'étais vous, je ne me déferais pas d'un ancien ami comme ça, pas d'un ami appuyé sur seize ans de preuves, si j'étais vous.

— J'ai besoin d'argent. D'ailleurs, ajouta l'artiste, avec une grimace de malheureux, et il montra sa main, je suis loin du temps où je jouais premier violon dans les symphonies, vous savez. Les engagements dans les postes radiophoniques, c'est fini.

Il claqua les lèvres.

— Les concerts publics aussi. Il y a deux semaines…

Et il s'arrêta.

— Continuez, fit le vieux.

— Il y a deux semaines, le chef d'un orchestre de jazz, pour qui je travaillais depuis trois mois, m'a remercié gentiment ; j'ai été obligé de donner des leçons aux enfants ; je paralyse en montant la gamme ; alors quoi, vous voyez, c'est fini.

Le vieux, durant ce discours, avait placé sa main gauche à deux ou trois reprises sur la boîte du violon, en hésitant. Finalement, il la laissa là, bien en vue, sans la bouger.

Quand le musicien eut fini de parler, il se pencha vers son instrument et aperçut la main du vieux, à laquelle il manquait deux doigts. Les deux hommes, l'espace d'une minute, restèrent immobiles. Hubert Thomas, le premier, rencontra le regard du vieux luthier et dit :

— Vous aussi ?

Le vieillard fit attendre sa réponse. Il se recula sans parler, marcha vers sa fenêtre, s'assit sur son banc et continua de travailler, comme s'il regrettait d'avoir exhibé son malheur. L'artiste le suivit, passa entre les instruments qui traînaient ici et là, s'assit à son tour sur une pilée de planches, ouvrit son paletot, et attendit que parlât le vieux. Le regard sur son travail, Sarto Rochette, le luthier, dit :

— Cet accident m'est arrivé à l'âge de seize ans ; je vais vous le raconter, à cause des concertos que j'ai de vous en arrière. Si ça peut vous aider, tant mieux ; sinon, tant pis.

L'autre ne répondit rien, mais baissa la tête.

Alors, le vieux, en mettant du silence entre ses mots, raconta ceci :

— Nous étions une grosse famille chez nous. Nous vivions sur une ferme ; sept milles de la ville. Les enfants, nous allions à l'école en traîne à chiens et dînions au collège. Heureux quand même ; j'ai eu une belle enfance. À même la nature à pleins bords. Pour me faire oublier la rigueur des jours, j'avais une passion : la musique. Oui. Mon rêve, mon seul, mon plus grand, que j'ai encore : être musicien.

Et le luthier vérifia s'il était écouté. L'artiste baissait toujours la tête. Le vieux continua :

— Sur les conseils répétés de mes professeurs du collège, mon père m'acheta un violon. J'avais du talent, beaucoup d'oreille, une main gauche agile, et l'âme à fleur de peau. J'ai étudié un an. Ma passion était du délire, tant j'aimais ça. Pour partir le soir, après le souper, encore avec les chiens, et, une fois par semaine, faire sept milles, aller chercher ma leçon et revenir, il fallait aimer ça. Roulé dans une couverte, je serrais mon violon dans mes bras, comme on tient un enfant. J'étais heureux...

À une fête que donnait le collège vers ce temps-là, je faisais ma première apparition en public.

L'artiste releva la tête. Le vieux continua :

— Dans la salle, il y avait des prêtres, un monseigneur, un député, des journalistes, tous les élèves et plusieurs jolies filles, mais aucun de mes parents n'était là. J'étais venu seul avec mes chiens, à cause de la poudrerie d'enfer qu'il faisait. Maman n'était pas dans la salle. Les chemins étaient impossibles. Dommage, parce que j'avais réussi mon concert, et elle aimait tellement le violon. Elle était la première et grande cause de ma persévérance, mon inspiration, ma symphonie, quoi. Pauvre elle.

J'avais joué « Souvenir ». Je l'entends encore ; ému, ça se comprend, avec le cœur qui me cognait, mais le violon résonnait clair et propre dans la salle. Le monde écoutait. Les jolies filles aussi. Je revois encore les applaudissements, les appels, mon énervement, mon professeur dans la coulisse, qui pleurait, et une belle enfant qui m'avait envoyé un baiser, en soufflant sur ses doigts.

Un homme, crayon et papier à la main, était venu prendre mon nom, mon âge, puis avec un grand sourire, un regard sympathique, il était parti. La salle s'était vidée. Passant près de moi, un prêtre avait dit, branlant la tête : « Continue, mon petit... »

Ah, si maman avait été là ! C'était mon seul regret.

L'artiste s'approcha, le corps en avant, pour ne pas perdre une parole. L'autre poursuivit :

— Après la fête, il y eut le petit goûter intime chez mon professeur qui demeurait à cinq minutes de là. Tard dans la nuit, je suis sorti, mon cher violon sous le bras, des rêves plein le cœur. Je suis allé dans la petite étable, derrière le collège, où mes chiens m'attendaient. Je les attelai gaiement, malgré la poudrerie et les hurlements dehors ; je me rappelle, je sifflais.

J'étais jeune, heureux. Je songeais au violon, aux cours que je prendrais, à la métropole, aux concerts, aux solos, à ma famille, à la gloire, le bel orgueil permis, à la race, et, soudain, wrang !

L'artiste fronça les sourcils et guetta les mots qui suivaient.

— Quelque chose venait d'arriver d'épouvantable, continua le luthier ; tout tomba devant moi, net, comme le courant électrique qui manque soudainement. Là, je me rappelle pas trop bien. Je sais que je me suis battu avec un chien, qu'il criait et moi aussi. Je sais que j'ai fait une crise nerveuse, que je suis sorti de l'étable en courant dans le milieu de la rue. Je sais que de longues traînées de sang me suivaient dans la neige, partout où j'allais. Je sais que ce fut long avant d'arriver chez nous. Le chien, un nouveau, arrivé chez nous depuis seulement une semaine, m'avait coupé deux doigts...

Après un silence, le vieux ajouta :

— J'entends encore le son qu'a fait la hache lorsque mon frère l'a tué le lendemain. Voilà. J'ai fini. J'ai joué une fois dans ma vie, en public. Pas durant seize ans, ni avec succès et en faisant des disques, et en semant mon nom en tournées jusqu'en Europe, non, une fois, dans une petite salle de collège. Et ma mère ne m'avait pas entendu.

Hubert Thomas baissa de nouveau la tête.

Tranquillement, le vieux se leva, puis disparut derrière les rideaux qui séparaient la boutique de ses appartements. Il revint avec une boîte, l'ouvrit précieusement. C'était son violon, enveloppé dans une flanelle blanche. Il le coucha délicatement près d'Hubert Thomas et s'en retourna à son petit banc sous la fenêtre.

L'artiste ne répondit rien. Il frôla timidement les cordes du violon avec son doigt et resta songeur.

À la fin, un peu gêné, il regarda le vieux luthier. Et celui-ci, franchement, sans malice, ses petits yeux clignotant derrière ses lunettes noires, lui dit :

— Non, monsieur Thomas, mon violon n'a jamais été à vendre. C'est le seul ami qui ne m'a jamais déçu. Je le garde. On ne se défait pas d'un ami comme ça.

Hubert Thomas comprit. Il se leva à son tour, se boutonna promptement comme quelqu'un qui a honte et qui veut partir, s'approcha du comptoir, prit son violon, le glissa dans son paletot à cause de la pluie qui tombait toujours dehors, et dit très bas :

— Le mien n'est plus à vendre, non plus. Merci, monsieur Rochette.

Et il sortit en fermant la porte doucement, comme si c'eût été une porte de chapelle.

Extrait de Félix LECLERC, *Adagio*, Montréal, Éditions Fides, collection Goéland, 1976.

Le chat et la marmotte

Ce jour-là, ce jour de novembre, tout me semblait d'une tristesse accablante. Vraiment, novembre, c'est semblable à mars ; la nature est comme immobile, sale. Le ciel lui-même s'accordait à ce temps mort. On souhaitait que décembre s'amène au plus vite et que la neige vienne recouvrir un monde terne, sombre, désolant. Il y avait longtemps que je n'avais pas revu Blanchet. Blanchet, c'est le nom que nous avions donné au gros matou tout blanc de l'aubergiste. Ce jour-là, je le revis enfin. Il courait comme un fou autour du vieux pommier dont les branches tordues faisaient comme des éclairs éteints dans le ciel gris et mauve de cette sinistre journée.

Je me dirigeai vers l'arbre à l'écorce pelée, striée en mâchicoulis. Je longeai la clôture de buissons sauvages pour tenter de mieux observer ce qui excitait tant Blanchet. C'était une marmotte, une grosse marmotte. Le chat entrait et sortait de son terrier. La marmotte, elle aussi, faisait des entrées et sorties furtives. Bien vite, je m'aperçus que le chat apportait des souris dans sa gueule et qu'il les offrait à sa bonne amie la marmotte. D'où sortait-il toutes ces souris ? Je le suivis à la piste. Je le vis entrer dans le garage désaffecté de Mademoiselle Francine, la vieille demoiselle, notre voisine à l'ouest. Au fond du garage-entrepôt, parmi des meubles à moitié rongés, une caisse de carton était entrouverte. À l'odeur, je reconnus la présence d'un fromage familier, celui d'Oka. Ça fourmillait de souris aveuglées par une manne si providentielle. Blanchet n'avait qu'à venir choisir dans le tas. Il attrapait un des petits rongeurs et dare-dare filait vers le trou de la marmotte sous les chardons séchés dans les buissons près du vieux pommier.

J'allai en parler à l'aubergiste, qui m'apprit qu'il n'avait plus vu son chat depuis deux bonnes semaines. Je revins du côté de la marmotte. Une bruine grise tombait. Le soir aussi. Et je vis Blanchet suivre la marmotte au fond de son tunnel. Il y passait ses grandes nuits. Blanchet n'était plus seul !

Blanchet rêvait sans doute d'un beau mariage, d'un grand mariage en blanc comme son pelage. Mais l'hiver s'amenait. Et je vis Blanchet sortir du trou de la marmotte, la larme à l'œil. Il n'était pas difficile d'imaginer que sa bonne amie, se préparant à dormir toute la froide saison, l'avait congédié jusqu'au printemps.

Alors, on vit Blanchet rôder comme une âme en peine. Dans le garage de la demoiselle, les souris dansaient, débarrassées de ce chasseur superactif. Blanchet n'y alla plus car il avait perdu l'appétit. Il se cherchait une nouvelle compagne, au moins un compagnon de jeu. Je l'entendais miauler longuement des heures durant. Jusqu'au jour où la vieille demoiselle s'amena de la ville avec, dans une belle boîte en carton, la plus belle des chattes siamoises qu'il se puisse imaginer.

La cour que lui fit Blanchet était furibonde. La siamoise était indépendante. Bien nourrie, elle dédaignait les souris et les mulots des champs apportés par son galant chevalier blanc. Tant et si bien que, le printemps revenu, Blanchet fit le guet à la porte de dame marmotte. Et quand elle se réveilla enfin, ce fut de nouveau les sauts en l'air, les roulements dans l'herbe tendre et les courses au garage. Hélas! tout le fromage moisi avait disparu ainsi que les souris. Blanchet fit de longs voyages dans les collines pour nourrir sa tendre amie! Il se mit à maigrir, tant ses chasses l'épuisaient. Et puis, un jour, il se fit ami avec Choupi et Fritte et délaissa le terrier complètement. On ne revit plus la marmotte dans la haie sauvage. Elle était allée soigner sa peine d'amour, loin, très loin, au-delà des collines de l'hôtel. Le trou resta vide à jamais. Blanchet s'était dit que c'était mieux ainsi: une marmotte et un chat, c'était un couple impossible. Il était redevenu heureux. Il jouait à se prendre pour un chien! On l'entendit même japper, un matin. Oh! bien faiblement...

Extrait de Claude JASMIN, *Les contes du Sommet-Bleu*, Montréal, Leméac, 1980.

Les aventures de Petit Pêcher

Il était une fois, il y a des siècles et des siècles, deux honnêtes vieillards, un bûcheron et sa femme. Un beau matin, l'homme partit couper du bois dans les collines tandis que sa femme lavait le linge dans la rivière. Elle vit une pêche qui voguait au fil de l'eau et la ramassa, pensant la donner à manger à son mari quand il rentrerait de son dur labeur. Dès que le vieux fut de retour, la bonne femme posa la pêche devant lui. Au moment où il s'apprêtait à la manger, elle se fendit en deux et un tout petit garçon en sortit. Les deux vieillards adoptèrent le bébé, l'élevèrent comme le leur et, puisqu'il était né d'une pêche, ils le nommèrent Petit Pêcher.

Petit Pêcher grandit, devint un beau et brave garçon et dit un jour à ses vieux parents : «Je vais dans l'île des ogres chercher les trésors qu'ils y ont accumulés. Préparez-moi, s'il vous plaît, des beignets de millet pour le voyage.»

Les deux vieux lui firent ses beignets et Petit Pêcher, après les avoir tendrement embrassés, se mit joyeusement en route. Il rencontra en chemin un singe. «Kâ! Kâ! Kâ!» fit celui-ci. «Où t'en vas-tu ainsi, Petit Pêcher?»

«Je vais dans l'île des ogres chercher leurs trésors», répondit Petit Pêcher.

«Qu'y a-t-il dans ton paquet?»

«Les meilleurs beignets au millet de tout le Japon.»

«Si tu m'en donnes un, je t'accompagne.»

Petit Pêcher donna l'un de ses beignets au singe, qui le prit et lui emboîta le pas.

Non loin de là, il entendit un faisan crier : « Ken ! Ken ! Ken ! Où cours-tu de ce pas, Petit Pêcher ? »

Petit Pêcher répondit la même chose et le faisan, après avoir demandé et obtenu un beignet, le suivit également.

Peu après, ils rencontrèrent un chien.

« Ouah ! Ouah ! Ouah ! Où tes pas te portent-ils, Petit Pêcher ? »

« Je vais dans l'île des ogres chercher leurs trésors. »

« Si tu me donnes un de tes délicieux beignets, j'y vais avec toi », dit le chien.

« Volontiers », fit Petit Pêcher.

Et il reprit la route, suivi du singe, du faisan et du chien.

Une fois dans l'île des ogres, le faisan passa la grille, le singe grimpa par-dessus le mur et Petit Pêcher, avec le chien, enfonça la porte. Les quatre amis livrèrent aux ogres une terrible bataille, qu'ils gagnèrent, et firent prisonnier leur roi. Tous les ogres firent serment d'allégeance à Petit Pêcher et lui apportèrent les trésors accumulés pendant de longues années. Il y avait des manteaux qui rendaient invisibles ceux qui les portaient, des pierres qui gouvernaient le flux et le reflux des marées, du corail, du musc, des émeraudes, de l'ambre et de l'écaille, ainsi que de l'or et de l'argent. Tout cela, les ogres vaincus l'étalèrent devant Petit Pêcher. Petit Pêcher partagea ses trésors avec ses compagnons, le singe, le faisan et le chien. Ensuite, il rentra chez lui, ployant sous le poids de ses richesses et, grâce à lui, ses parents adoptifs vécurent dans la paix et l'abondance jusqu'à la fin de leurs jours.

Extrait de Pearl BUCK, *Contes d'Orient*, Paris, Éditions Stock, 1995.

La petite marchande de silence

Il était une fois une grande ville avec ses rues, ses voitures, ses autobus, ses camions, ses marteaux-piqueurs, ses grues et ses bulldozers. Dans cette grande ville, il y avait tellement de bruit que plus personne n'entendait plus personne.

Au restaurant, lorsqu'un monsieur demandait un œuf au plat, le serveur lui apportait un œuf en chocolat en disant :

— Il a de drôles d'idées celui-là !

À la boulangerie, lorsqu'une dame demandait un pain bien cuit, la boulangère comprenait « du grain pour canari », et elle se fâchait en disant :

— Allez voir chez le marchand d'oiseaux ! Ici, c'est une boulangerie.

Une jour, une petite fille décida qu'elle en avait assez de n'entendre que les bruits de la rue, des voitures, des autobus, des camions, des marteaux-piqueurs, des grues et des bulldozers. Et elle se dit :

— Je vais aller chercher du silence.

Alors, elle prit une valise. Dans cette valise, elle mit des petites boîtes vertes, blanches et bleues. Puis elle prit l'autobus avec sa valise pleine de petites boîtes, et s'en alla. L'autobus l'emmena jusqu'au bout de la ville. Là, elle descendit et se mit à marcher sur la route. Bientôt, elle arriva dans la campagne. Alors, elle s'arrêta et écouta.

Elle entendit le silence pour la première fois. C'était un silence qui n'était pas tout à fait silencieux. La petite fille entendit les oiseaux chanter dans les arbres et la rivière couler entre les fleurs. Alors, elle ouvrit sa valise. Elle y prit les petites boîtes vertes. Elle les ouvrit et laissa entrer à l'intérieur le silence de la campagne. Puis elle les referma et les replaça dans sa valise.

Et elle se mit à marcher de nouveau, longtemps, longtemps.

Au bout d'un certain temps, elle arriva devant une montagne et elle décida de monter en haut. Quand elle fut arrivée au sommet, elle entendit un nouveau silence. Ce n'était pas un silence tout à fait silencieux. La petite fille entendait le vent qui passait dans la vallée et le bruit clair de la neige qui fondait. Alors, elle ouvrit sa valise et y prit les petites boîtes blanches. Elle les ouvrit et y laissa entrer le silence de la montagne. Puis elle les referma et les replaça dans la valise. Elle redescendit de la montagne et elle se remit à marcher encore longtemps, longtemps...

Au bout d'un certain temps, elle arriva au bord de la mer. Et elle entendit un troisième silence. C'était un silence qui n'était pas tout à fait silencieux. La petite fille entendit le bruit des vagues et le cri des mouettes au-dessus des rochers. Alors, elle ouvrit une nouvelle fois sa valise. Elle y prit les petites boîtes bleues. Elle les ouvrit et laissa entrer à l'intérieur le silence de la mer. Puis elle les referma et les remit dans sa valise avec les autres boîtes.

Cette fois, elle décida de rentrer chez elle. Elle marcha encore longtemps et finit par rejoindre la ville. Elle retrouva les rues, les voitures, les autobus, les camions, les marteaux-piqueurs, les grues, les bulldozers et tous les gens qui ne s'entendaient plus les uns les autres. Elle ouvrit sa valise sur le trottoir et se mit à proposer ses petites boîtes vertes, blanches et bleues aux gens qui passaient. Elle cria :

— Demandez du silence ! Du silence vert de la campagne ! Du silence blanc de la montagne ! Du silence bleu de la mer !

Mais elle eut beau crier, personne ne l'entendit. Et les gens passaient sans prendre les boîtes qu'elle leur offrait.

Alors, la petite fille se mit à pleurer. Elle pleura en silence au-dessus de ses boîtes vertes, blanches et bleues. Elle pleura tellement que ses larmes mouillèrent les petites boîtes en carton. Le carton ramollit. Les boîtes se défirent... Et tous les silences qu'elles contenaient se répandirent dans la rue. Bientôt, ils s'étendirent à toute la ville.

Les gens furent étonnés tout à coup de ne plus entendre le bruit des voitures, des autobus, des camions, des marteaux-piqueurs, des grues et des bulldozers. Alors, ils arrêtèrent de conduire ou de travailler. Ils écoutèrent le chant des oiseaux, celui de la rivière, celui du vent, de la neige qui fond... Ils écoutèrent le bruit des vagues et le cri des mouettes. Et ils se dirent :

— Qu'est-ce qu'il se passe ?

Alors, la petite fille arrêta de pleurer. Elle s'écria :

— Ça a marché ! J'ai apporté le silence dans la ville grâce à mes petites boîtes !

Elle était si contente qu'elle se mit à chanter et à danser sur le trottoir.

Soudain, les gens qui la regardaient se sentirent eux aussi pris d'une subite envie de danser et de chanter. Ils abandonnèrent leurs voitures, leurs autobus, leurs camions, leurs marteaux-piqueurs, leurs grues et leurs bulldozers. Ils se prirent par la main et ils firent une grande ronde. Ils entourèrent la petite fille qui leur avait offert cette journée de silence.

Mais c'était un silence qui n'était pas tout à fait silencieux. Dans la ville en fête, on entendait des rires, des chansons, des bruits de gens heureux.

Claude CLÉMENT, *La petite marchande de silence*, Magazine Jeunes années, Éditions francs et franches camarades.

Le petit prince est l'histoire d'un petit bonhomme venu d'une autre planète qui se retrouve au beau milieu du désert. Là, il rencontre un pilote dont l'avion est tombé en panne. Il lui raconte son voyage autour de la Terre.

Voici l'épisode où le petit prince rencontre un renard qui lui fera faire une découverte importante.

Le renard et le petit prince

C'est alors qu'apparut le renard :

— Bonjour, dit le renard.

— Bonjour, répondit poliment le petit prince, qui se retourna mais ne vit rien.

— Je suis là, dit la voix, sous le pommier.

— Qui es-tu ? dit le petit prince. Tu es bien joli…

— Je suis un renard, dit le renard.

— Viens jouer avec moi, lui proposa le petit prince. Je suis tellement triste…

— Je ne puis pas jouer avec toi, dit le renard. Je ne suis pas apprivoisé.

— Ah ! pardon, fit le petit prince.

Mais, après réflexion, il ajouta :

— Qu'est-ce que signifie « apprivoiser » ?

— Tu n'es pas d'ici, dit le renard, que cherches-tu ?

— Je cherche les hommes, dit le petit prince. Qu'est-ce que signifie « apprivoiser » ?

— Les hommes, dit le renard, ils ont des fusils et ils chassent. C'est bien gênant ! Ils élèvent aussi des poules. C'est leur seul intérêt. Tu cherches des poules ?

— Non, dit le petit prince. Je cherche des amis. Qu'est-ce que signifie « apprivoiser » ?

— C'est une chose trop oubliée, dit le renard. Ça signifie « créer des liens… »

— Créer des liens ?

— Bien sûr, dit le renard. Tu n'es encore pour moi qu'un petit garçon tout semblable à cent mille petits garçons. Et je n'ai pas besoin de toi. Et tu n'as pas besoin de moi non plus. Je ne suis pour toi qu'un renard semblable à cent mille renards. Mais, si tu m'apprivoises, nous aurons besoin l'un de l'autre. Tu seras pour moi unique au monde. Je serai pour toi unique au monde…

— Je commence à comprendre, dit le petit prince. Il y a une fleur… je crois qu'elle m'a apprivoisée…

— C'est possible, dit le renard. On voit sur la Terre toutes sortes de choses…

— Oh ! ce n'est pas sur la Terre, dit le petit prince.

Le renard parut très intrigué :

— Sur une autre planète ?

— Oui.

— Il y a des chasseurs, sur cette planète-là ?

— Non.

— Ça, c'est intéressant ! Et des poules ?

— Non.

— Rien n'est parfait, soupira le renard.

Mais le renard revint à son idée :

— Ma vie est monotone. Je chasse les poules, les hommes me chassent. Toutes les poules se ressemblent, et tous les hommes se ressemblent. Je m'ennuie donc un peu. Mais, si tu m'apprivoises, ma vie sera comme ensoleillée. Je connaîtrai un bruit de pas qui sera différent de tous les autres. Les autres pas me font rentrer sous terre. Le tien m'appellera hors du terrier, comme une musique. Et puis regarde ! Tu vois, là-bas, les champs de blé ? Je ne mange pas de pain. Le blé pour moi est inutile.

Les champs de blé ne me rappellent rien. Et ça, c'est triste ! Mais tu as des cheveux couleur d'or. Alors ce sera merveilleux quand tu m'auras apprivoisé ! Le blé, qui est doré, me fera souvenir de toi. Et j'aimerai le bruit du vent dans le blé...

Le renard se tut et regarda longtemps le petit prince :

— S'il te plaît... apprivoise-moi ! dit-il.

— Je veux bien, répondit le petit prince, mais je n'ai pas beaucoup de temps. J'ai des amis à découvrir et beaucoup de choses à connaître.

— On ne connaît que les choses que l'on apprivoise, dit le renard. Les hommes n'ont plus le temps de rien connaître. Ils achètent des choses toutes faites chez les marchands. Mais comme il n'existe point de marchands d'amis, les hommes n'ont plus d'amis. Si tu veux un ami, apprivoise-moi !

— Que faut-il faire ? dit le petit prince.

— Il faut être très patient, répondit le renard. Tu t'assoiras d'abord un peu loin de moi, comme ça, dans l'herbe. Je te regarderai du coin de l'œil et tu ne diras rien. Le langage est source de malentendus. Mais, chaque jour, tu pourras t'asseoir un peu plus près.

Le lendemain revint le petit prince.

— Il eût mieux valu revenir à la même heure, dit le renard. Si tu viens, par exemple, à quatre heures de l'après-midi, dès trois heures je commencerai d'être heureux. Plus l'heure avancera, plus je me sentirai heureux. À quatre heures, déjà, je m'agiterai et m'inquiéterai ; je découvrirai le prix du bonheur ! Mais si tu viens n'importe quand, je ne saurai jamais à quelle heure m'habiller le cœur... Il faut des rites.

— Qu'est-ce qu'un rite ? dit le petit prince.

— C'est aussi quelque chose de trop oublié, dit le renard. C'est ce qui fait qu'un jour est différent des autres jours, une heure, des autres heures. Il y a un rite, par exemple, chez mes chasseurs. Ils dansent le jeudi avec les filles du village. Alors le jeudi est jour merveilleux ! Je vais me promener jusqu'à la vigne. Si les chasseurs dansaient n'importe quand, les jours se ressembleraient tous, et je n'aurais point de vacances.

Ainsi le petit prince apprivoisa le renard. Et quand l'heure du départ fut proche :

— Ah ! dit le renard... Je pleurerai.

— C'est ta faute, dit le petit prince, je ne te souhaitais point de mal, mais tu as voulu que je t'apprivoise...

— Bien sûr, dit le renard.

— Mais tu vas pleurer ! dit le petit prince.

— Bien sûr, dit le renard.

— Alors tu n'y gagnes rien.

— J'y gagne, dit le renard, à cause de la couleur du blé.

Puis il ajouta :

— Va revoir les roses. Tu comprendras que la tienne est unique au monde. Tu reviendras me dire adieu, et je te ferai cadeau d'un secret.

Le petit prince s'en fut revoir les roses.

— Vous n'êtes pas du tout semblables à ma rose, vous n'êtes rien encore, leur dit-il. Personne ne vous a apprivoisées et vous n'avez apprivoisé personne. Vous êtes comme était mon renard. Ce n'était qu'un renard semblable à cent mille autres. Mais j'en ai fait mon ami, et il est maintenant unique au monde.

Et les roses étaient bien gênées.

— Vous êtes belles, mais vous êtes vides, leur dit-il encore. On ne peut pas mourir pour vous. Bien sûr, ma rose à moi, un passant ordinaire croirait qu'elle vous ressemble. Mais à elle seule elle est plus importante que vous toutes, puisque c'est elle que j'ai arrosée. Puisque c'est elle que j'ai mise sous globe. Puisque c'est elle que j'ai abritée par le paravent. Puisque c'est elle dont j'ai tué les chenilles (sauf les deux ou trois pour les papillons). Puisque c'est elle que j'ai écoutée se plaindre, ou se vanter, ou même quelquefois se taire. Puisque c'est ma rose.

Et il revint vers le renard :

— Adieu, dit-il...

— Adieu, dit le renard. Voici mon secret. Il est très simple : on ne voit bien qu'avec le cœur. L'essentiel est invisible pour les yeux.

— L'essentiel est invisible pour les yeux, répéta le petit prince, afin de se souvenir.

— C'est le temps que tu as perdu pour ta rose qui fait ta rose si importante.

— C'est le temps que j'ai perdu pour ma rose... fit le petit prince, afin de se souvenir.

— Les hommes ont oublié cette vérité, dit le renard. Mais tu ne dois pas l'oublier. Tu deviens responsable pour toujours de ce que tu as apprivoisé. Tu es responsable de ta rose...

— Je suis responsable de ma rose... répéta le petit prince, afin de se souvenir.

Extrait du *Petit Prince* d'Antoine de SAINT-EXUPÉRY (texte et illustrations).
© 1943, Harcourt Brace & Company – reconduit en 1971 par Consuelo de Saint-Exupéry. Reproduit avec la permission de l'éditeur.

Annexes

Mes stratégies de lecture

POUR COMPRENDRE DES TEXTES LONGS

Je fais des prédictions sur le texte.

Je lis un passage du texte pour vérifier mes prédictions.

Je poursuis ma lecture en procédant de la même façon.

Je résume le passage en quelques mots.

Je fais des liens avec ma vie et mes connaissances.

Je cherche des façons de régler mes problèmes de compréhension.

POUR COMPRENDRE UNE PHRASE QUI CONTIENT UN PRONOM

Je repère le pronom.

Je cherche le mot ou le groupe de mots que le pronom remplace.

OU

Je déduis ce que le pronom remplace.

Je relis la phrase en ayant en tête ce que le pronom remplace.

POUR SÉLECTIONNER DES INFORMATIONS DANS UN TEXTE

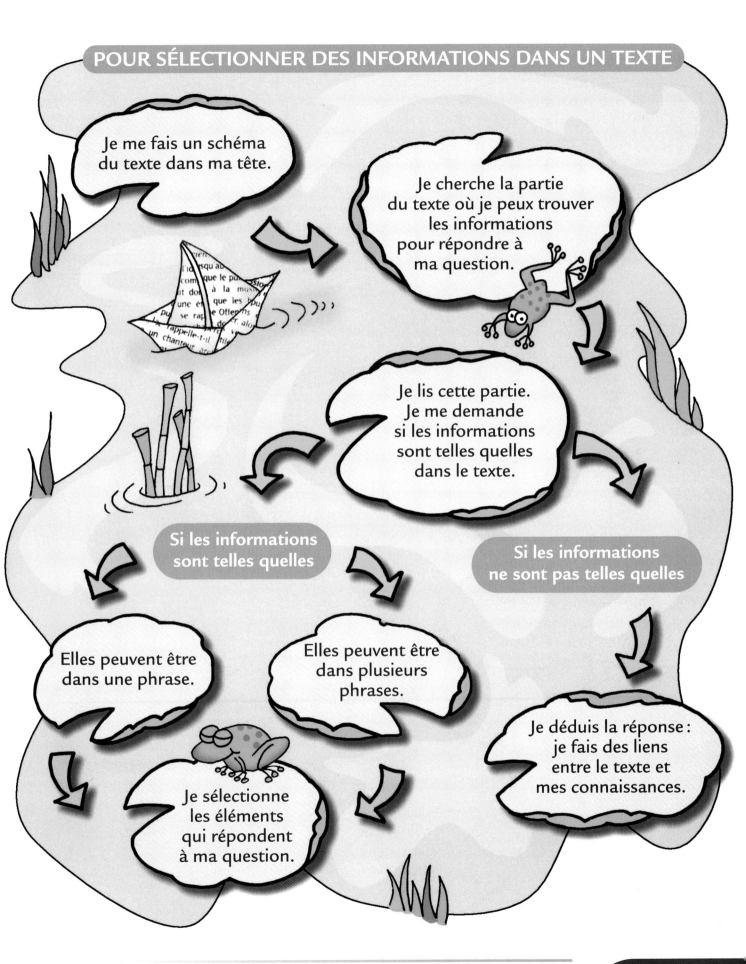

Je me fais un schéma du texte dans ma tête.

Je cherche la partie du texte où je peux trouver les informations pour répondre à ma question.

Je lis cette partie. Je me demande si les informations sont telles quelles dans le texte.

Si les informations sont telles quelles

Si les informations ne sont pas telles quelles

Elles peuvent être dans une phrase.

Elles peuvent être dans plusieurs phrases.

Je déduis la réponse : je fais des liens entre le texte et mes connaissances.

Je sélectionne les éléments qui répondent à ma question.

POUR RÉFLÉCHIR À PARTIR DES INFORMATIONS D'UN TEXTE

Je lis la question à laquelle je dois répondre. Je me demande quels sont les mots importants.

Je pense à des mots clés que je pourrais trouver dans le texte.

Je cherche la ou les phrases qui contiennent ces mots clés ou qui semblent répondre à la question.

Je réfléchis et je fais des liens :

Je réponds à la question.

entre les différentes informations du texte ;

entre ces informations et ce que je sais sur le sujet.

POUR COMPRENDRE UNE PHRASE LONGUE QUI CONTIENT UN MARQUEUR DE RELATION COMME « PARCE QUE », « LORSQUE », ETC.

Dans ma tête, je mets entre parenthèses la partie de la phrase qui commence par un marqueur de relation.

J'essaie de comprendre le reste de la phrase.

Je lis la partie de phrase entre parenthèses :

Je relis la phrase au complet.

je cherche le sens du marqueur de relation ;

je me demande ce qu'elle ajoute à la phrase.

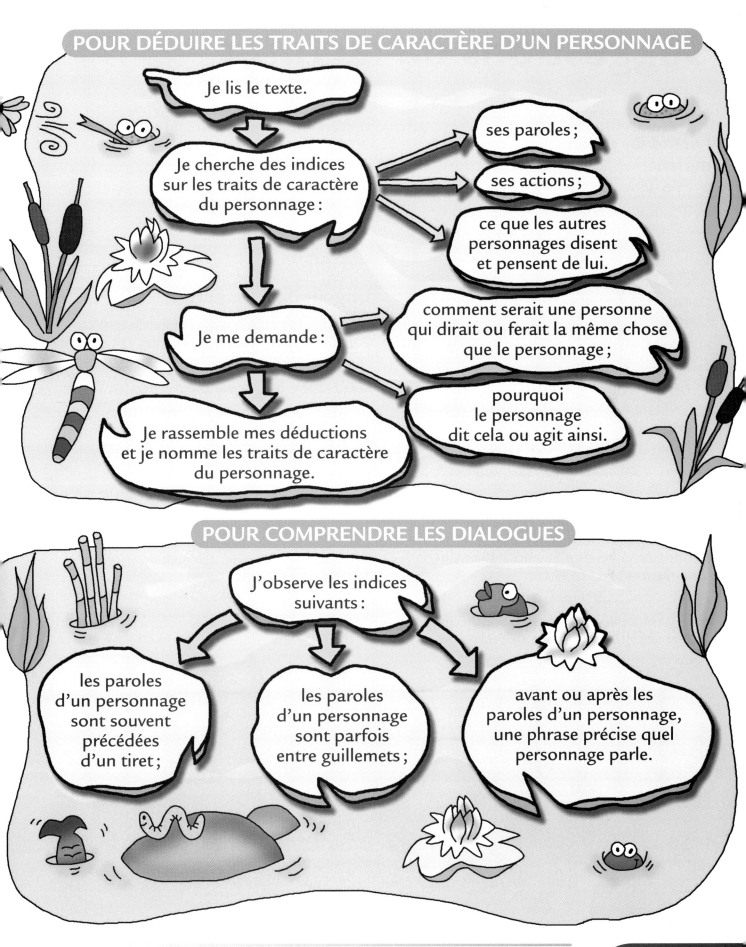

POUR DÉDUIRE LES TRAITS DE CARACTÈRE D'UN PERSONNAGE

Je lis le texte.

Je cherche des indices sur les traits de caractère du personnage :

- ses paroles ;
- ses actions ;
- ce que les autres personnages disent et pensent de lui.

Je me demande :

- comment serait une personne qui dirait ou ferait la même chose que le personnage ;
- pourquoi le personnage dit cela ou agit ainsi.

Je rassemble mes déductions et je nomme les traits de caractère du personnage.

POUR COMPRENDRE LES DIALOGUES

J'observe les indices suivants :

- les paroles d'un personnage sont souvent précédées d'un tiret ;
- les paroles d'un personnage sont parfois entre guillemets ;
- avant ou après les paroles d'un personnage, une phrase précise quel personnage parle.

Suggestions de lectures

Projet 1

Quand les sons et les couleurs parlent

BLETTON, Marie. *Le petit canoë*, Éditions Les 400 coups, collection Petites histoires de l'art, 2001 [Œuvres de Paul Émile Borduas].

BUCHHOLZ, Quint. *Le collectionneur d'instants*, Toulouse, Éditions Milan, 1998.

Guillaume, l'apprenti sorcier, Paris, Éditions L'école des loisirs, 1997.

HOFFMANN, Ernst Theodor Amadeus. *Casse-Noisette*, Paris, Éditions Gallimard, 1996.

JOHNSON, Jane. *La princesse et le peintre*, Paris, Éditions L'école des loisirs, collection Archimède, 1998.

Dans la même collection : *Delacroix : les tableaux racontent une histoire.*

LAFFON, Martine. *Grand-mère Nénuphar a disparu!*, Paris, Éditions Réunion des musées nationaux, collection Eustache Plumeau, le lutin des musées, 1999.

Le Peintre et son chat, Fribourg, Éditions Calligram, collection Petite bibliothèque Calligram, Il était une fois, 1996.

Till l'Espiègle, Paris, Éditions Gründ, collection Contes et fables de toujours, 2000.

TURNER, Barrie Carson. *Le carnaval des animaux*, Paris, Éditions Gautier-Languereau/EMI, 1998.

Projet 2

Le goût de l'aventure

CRAIG, Claire. *Explorateurs et aventuriers*, Paris, Éditions Nathan, collection Les clés de la connaissance, 1997.

GRANT, Neil. *Atlas jeunesse des grandes découvertes*, Paris, Éditions du Seuil, 1992.

Les explorateurs et les aventuriers, Amsterdam, Éditions Time-Life, collection Les enfants découvrent, 1996.

LÉVESQUE, Denis. *Samuel de Champlain*, Outremont, Éditions Quebecor, collection Récit historique, 1996.

MATTHEWS, Rupert. *Le temps des découvertes*, Paris, Éditions Gallimard, collection Les yeux de la découverte, 1991.

NICHOLSON, Robert. *Les Vikings*, Paris, Éditions Flammarion, collection Clic-doc : un livre et un cédérom faits pour s'entendre, 1999.

PLANCHE, Bernard. *Découverte du monde. Le livre des conquérants*, Paris, Éditions Gallimard, collection Découverte cadet, 1996.

Dans la même collection : *Découverte du monde ; Le livre des navigateurs.*

SIS, Peter. *Christophe Colomb*, Paris, Éditions Grasset jeunesse, 1996.

VENTURA, Piero. *Cook*, Paris, Éditions Gründ, collection Les grands explorateurs, 1992.

Dans la même collection : *Christophe Colomb ; Expéditions au Pôle Nord ; Magellan.*

Projet 3

Sur le bout de la langue

AMERY, Heather. *Les mille premiers mots en italien*, Londres, Éditions Usborne, collection Les mille premiers mots, 1998.

Dans la même collection : *Les mille premiers mots en allemand ; Les mille premiers mots en anglais ; Les mille premiers mots en espagnol ; Les mille premiers mots en portugais.*

BEISNER, Monika. *Les cent plus belles devinettes*, Paris, Éditions Gallimard, collection Les lauréats, 1983.

BUTLER, Daphne. *Pourquoi les gens parlent-ils ?*, Montréal, Éditions École active, collection Petit curieux, 1994.

CORAN, Irène. *Jouons avec les mots*, Tournai, Éditions Casterman, collection Les heures bonheurs, 1998.

PRACHE, Denys. *Le grand livre des rébus*, Paris, Éditions Albin Michel jeunesse, 2000.

Proverbes et animaux : 20 proverbes de la francophonie, Saint-Hubert, Éditions du Raton laveur, collection 3 à 8 ans, 1994.

Dans la même collection : *Proverbes et animaux : 20 proverbes du monde entier ; Myope comme une taupe* de Michel LUPPENS.

ROSENSTIEHL, Agnès. *Le livre de la langue française*, Paris, Éditions Gallimard, collection Découverte cadet, 1985.

Dans la même collection : *De bouche à oreille* de Jacques CELLARD.

TYBERG, Son. *D'où vient cette expression ?*, Aartselaar, Éditions Chantecler, 1996.

YAGUELLO, Marina. *La planète des langues*, Paris, Éditions du Seuil, collection Petit point des connaissances, 1993.

Projet 4

Avec les yeux du cœur

Avec des yeux d'enfant : la poésie québécoise présentée aux enfants, Montréal, Éditions de L'Hexagone/VLB, 2000.

De la neige au soleil : un recueil de quatre-vingt-six poèmes du Québec et de la francophonie des Amériques, Montréal, Éditions Ville-Marie, collection Pour connaître la poésie, 1984.

HOESTLANDT, Jo. *Et les petites filles dansent*, Paris, Éditions Syros/Amnesty International, 1999.

HUGO, Victor. *Chanson pour faire danser en rond les petits enfants – et autres poèmes,* Paris, Éditions Gallimard, collection Folio cadet or; poésie, 1992.

Dans la même collection : *À l'heure où je t'écris* de Victor HUGO.

Je t'aime, un peu, beaucoup, Paris, Éditions Gautier-Languereau, collection Enfance en poésie, 2000.

Dans la même collection : *Air de fête; Jeux d'eaux.*

KIPLING, Rudyard. *Si, tu seras un homme, mon fils,* Paris, Éditions Père Castor Flammarion, 1998.

MALINEAU, Jean-Hugues. *Les couleurs de mon enfance,* Paris, Éditions L'école des loisirs, 1994.

PRÉVERT, Jacques. *En sortant de l'école. Le cancre. Page d'écriture,* Paris, Éditions Gallimard jeunesse, collection Enfance en poésie, 2000.

Dans la même collection : *La cour de récréation* de Claude ROY.

STEVENSON, Robert Louis. *Au jardin des poèmes d'enfance,* Tournai, Éditions Casterman, collection Les albums Duculot, 1995.

Édité également en 1992 dans la collection Le Livre de Poche Jeunesse.

Projet 5

La vie dans les mers

BALDURINOS, Pierre. *Les mammifères marins,* Paris, Éditions Hachette, collection Les animaux parlent de leur vie, 1997.

COSTA DE BEAUREGARD, Diane. *Mers et océans : la planète bleue,* Paris, Éditions Gallimard, collection Découverte benjamin, 1987.

GANERI, Anita. *Les animaux phosphorescents,* Paris, Éditions Épigones, 1996.

KNIGHT, Linsay. *Au fond des océans,* Paris, Éditions Nathan, collection Les clés de la connaissance, 1995.

LE BLOAS, Renée. *Le requin, tueur silencieux,* Toulouse, Éditions Milan, collection Mini patte, 2000.

LOUISY, Patrick. *Le grand catalogue des poissons de mer,* Toulouse, Éditions Milan, collection Le grand catalogue, 1994.

MACQUITTY, Miranda. *Au fond des océans,* Paris, Éditions Gallimard, collection Les yeux de la découverte, 1995.

Dans la même collection : *Vie et mœurs des poissons* de Steve PARKER.

RENAUD, Isabelle. *Algues,* Paris, Éditions L'école des loisirs, collection Archimède, 1993.

Dans la même collection : *Les animaux des mers profondes* de Momoaki TOMITA; *Au menu : le plancton* de Pierre BERTRAND; *Le jardin sous la mer* d'Emmanuelle ZICOT.

VAN GREVELYNGHE, Géry. *Tous les requins du monde : 300 espèces des mers du globe,* Lausanne, Éditions Delachaux et Niestlé, collection Les encyclopédies du naturaliste, 1999.

Projet 6

Tisser des liens

ELLIS, Sarah. *Quelque temps dans la vie de Jessica*, Montréal, Les Éditions Québec Amérique, collection Littérature jeunesse, 1990.

GÉNOIS, Agathe. *Adieu, vieux lézard!,* Saint-Lambert, Éditions Dominique et compagnie, collection Libellule, 1998.

LINDGREN, Astrid. *Rasmus et le vagabond*, Paris, Éditions Pocket, collection Pocket junior ; policier, 1999.

NADAUD, Claire. *De ma téci, je t'écris*, Paris, Éditions Syros, collection Mini souris, sentiments, 1999.

NADEAU, Denise. *Rose la rebelle*, LaSalle, Éditions Hurtubise HMH, collection Plus, 1993.

OUIMET, Josée. *Le paravent chinois*, Saint-Alphonse-de-Granby, Éditions de la Paix, collection Dès 6 ans, 2000.

PÉRIGOT, Joseph. *Gosse de riche !,* Tournai, Éditions Casterman, collection Romans Casterman ; comme la vie, 1998.

TIBO, Gilles. *Noémie. Le jardin zoologique*, Montréal, Les Éditions Québec Amérique jeunesse, collection Bilbo jeunesse, 1999.

TRUDEL, Sylvain. *Une saison au paradis*, Montréal, les Éditions la courte échelle, collection Premier roman, 1999.

Projet 7

Au menu : des livres alléchants !

ALLARD, Francine. *L'inoubliable scandale du Salon du livre*, Saint-Laurent, Éditions Pierre Tisseyre, collection Tante Imelda, 1998.

DEMERS, Dominique. *La mystérieuse bibliothécaire*, Montréal, Les Éditions Québec Amérique jeunesse, collection Bilbo jeunesse, 1997.

GAGNON, Cécile. *La rose et le diable*, Saint-Lambert, Éditions Robert Soulières, collection Ma petite vache a mal aux pattes, 2000.

JIMENES, Guy. *Mélodie Carlson*, Éditions L'école des loisirs, collection Mouche en poche, 1998.

Dans la même collection : *Signé : James Collas* du même auteur ; *La visite de l'écrivain* de Jean-Philippe ARROW-VIGNOD.

LAVERDURE, Daniel. *Méchant samedi !,* Saint-Lambert, Éditions Robert Soulières, collection Chat de gouttière, 1999.

PLOUFFE, Manon. *Le rat de bibliothèque*, Saint-Alphonse-de-Granby, Éditions de la Paix, collection Dès 9 ans ; jeunesse, 2000.

SARFATI, Sonia. *Chevalier, naufragé et crème glacée*, Montréal, les Éditions la courte échelle, collection Premier roman ; Raphaël, 1999.

SIMARD, Danielle. *Le cercle maléfique*, Saint-Lambert, Éditions Dominique et compagnie, collection Alli-bi, 1998.

Liste des stratégies

Lecture

Pour comprendre une phrase longue qui contient un marqueur de relation comme « parce que », « lorsque », etc., **29, 248**

Pour comprendre des textes longs, **246**

Pour comprendre une phrase qui contient un pronom, **246**

Pour sélectionner des informations dans un texte, **247**

Pour réfléchir à partir des informations d'un texte, **248**

Pour déduire les traits de caractère d'un personnage, **249**

Pour comprendre les dialogues, **249**

Écriture

Pour accorder des verbes conjugués avec l'auxiliaire « être », **18**

Pour consulter un tableau de conjugaison, **106**

Liste des notions abordées dans le volet Écriture

Syntaxe

Repérer le groupe sujet et le groupe du verbe, **34**

Lire un article de dictionnaire, **48**

Construire une énumération, **84-85**

Comprendre la construction de la phrase déclarative, **85**

Établir des liens dans un texte, **103-104**

Construire des phrases négatives, **105**

Vérifier la structure et la ponctuation des phrases, **120**

Vocabulaire

Varier les phrases d'un texte, **35**

Comprendre comment les mots sont formés en français, **46-47**

Lire un article de dictionnaire, **48**

Index des notions grammaticales*

* Les chiffres en caractères gras renvoient aux pages où on trouvera une explication des notions.

Sources des photographies et des illustrations

Photographies

Alpha-Presse
Billy Black : p. 168
Gérard Lacz : p. 78, 180 (gauche), 217
Yves Lefevre/Bios : p. 219
F. Pierre/Explorer : p. 216 (bas)
M. Tremblay : p. 216 (haut)
J.P. Varin/Jacana : p. 215

Archives de la presse canadienne
p. 214

Archives nationales du Canada
n° C113065 : p. 156 (gauche)
n° C16952 : p. 176

Art Resource, N.Y.
p. 149 (bas)

Bibliothèque nationale du Québec
p. 154 (droite)

Bodleian Library, Oxford University
p. 148 (bas)

Corbis/Magma
Brandon C. Cole : p. 212 (haut, droite)
Jeffrey L. Rotman : p. 206 (bas, gauche), 220 (haut)
Galen Rowell : p. 204 (gauche)

Dorling Kindersley Picture Library
p. 91, 92, 202, 203, 204 (droite), 205 (haut), 206 (haut, gauche), 206 (bas, droite), 207-211, 212 (bas, gauche), 212 (centre), 213, 218, 220 (bas)

Megapress Images
T. Beck : p. 151 (droite)

Musée des beaux-arts de Montréal
p. 12

Musée du Québec/Photo Patrick Altman
Collection Musée du Québec/
© Succession Jean Dallaire/SODRAC
(Montréal) 2001 : p. 4

© The National Gallery, London
p. 142

Philadelphia Museum of Art
Louise E. Stern Collection : p. 135

Ponopresse International
p. 37
François Lochon : p. 158 (bas)
John Rubython/SIPA PRESS : p. 166-167
Topham Picturepoint : p. 160 (gauche)

Publiphoto
p. 148 (haut), 163 (haut), 164
J.L. Charmet/Explorer : p. 151 (gauche), 153
Edimedia : p. 157, 171, 173 (bas)
C. Hurni : p. 172 (droite)
Novosti/Science Photo Library : p. 27 (bas)
Pierre Roussel : p. 154 (gauche)
D. Thierry/Diaf : p. 174
A. Wolf/Explorer : p. 175

Tony Stone
A. Witte/C. Mahaney/Stone 2000 : p. 80

Timepix
Mansell : p. 159, 165 (haut)

Université de New Castle
Gertrude Bell Photographic Library : p. 160 (droite), 161 (droite), 162 (haut)

Bernard Voyer Explorateur inc.
p. 24, 26, 27 (haut)

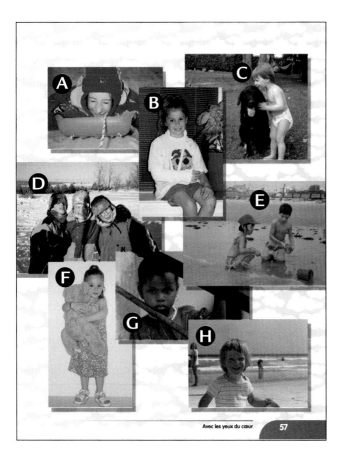

Avec les yeux du cœur   57

Illustrations